EL SÍ DE LAS NIÑAS

COMEDIA EN TRES ACTOS

POR

ON LEANDRO FERNANDEZ DE MORATIN

MIT EINLEITUNG UND ANMERKUNGEN

HERAUSGEGEBEN

VON

Dr. ADOLF KRESSNER

LEIPZIG 1904
RENGERSCHE BUCHHANDLUNG
GEBHARDT & WILISCH.

Vorwort.

Dem Bedürfnis nach leichter spanischer Unterhaltungslektüre will das vorliegende Bändchen dienen. Wer es gründlich durcharbeitet, wird vielen Nutzen für die spanische Konversation daraus ziehen, denn Moratin ist ein Meister des Dialogs. Die verhältnismäßig wenigen Anmerkungen sind meist lexikalischer Art und sollen das Verständnis des Textes erleichtern, zu dessen Lektüre ein kleineres spanisches Wörterbuch, etwa das von Stromer (Berlin, Herbig) ausreicht. — Wegen schwerer Krankheit des Herausgebers hat Herr Roberts Vincent aus Barcelona die Korrektur in dankenswerter Weise übernommen.

Kassel, den 15. April 1904.

Dr. Adolf Kressner.

Einleitung.

Ehe das spanische Drama in der zweiten Hälfte des 19. Jahrhunderts neue, selbständige Bahnen einschlug, stand es völlig unter dem Einflusse der französischen Bücher, deren gute und schlechte Eigenschaften sklavisch nachgeahmt wurden. Ein Glück für das spanische Theater, wenn es wenigstens die großen Meister der Franzosen, besonders Molière, sich zum Vorbild nahm!

Unter den Nachahmern Molières nimmt eine hervorragende, wenn nicht die hervorragendste Stelle ein Leandro Fernández de Moratín, der Sohn des gleichnamigen verdienten Dichters (1737—1780). Er wurde am 10. März 1760 in Madrid geboren, erlernte auf Wunsch des Vaters, der dem Sohn ein festes Einkommen zu sichern wünschte, das Juwelierhandwerk und trat als Jüngling mit einigen Gedichten (La Toma de Granada — Lección política), welche die Aufmerksamkeit auf ihn zogen, in die Öffentlichkeit. Durch Vermittlung des Dichters und Politikers Jovellanos wurde er 1787 spanischer Gesandtschaftssekretär in Paris, wo er zwei Jahre verbrachte. Der Aufenthalt in der französischen Hauptstadt war für ihn von großer Bedeutung; er wurde mit den führenden Geistern der Literatur und mit Goldoni, dem italienischen Molière, bekannt, und welchen Einfluß diese Männer auf ihn und seine dramatische Tätigkeit geübt haben, läßt sich in jedem seiner Werke nachweisen. Nicht minder von Bedeutung waren die Reisen, die er, um die Bühnen der betreffenden Länder kennen zu lernen, nach Deutschland, England und Italien machte. Eine Anstellung am auswärtigen Ministerium, die er nach seiner Rückkehr in sein Vaterland erhielt, überhoben ihn aller materiellen Sorgen. Inzwischen ließ er, ganz in die Fußstapfen seines von ihm hochverehrten

Vaters tretend, ein Lustspiel El Yiejo y la niña (1790) aufführen, das ihm viele Ehren, aber auch viele Anfeindungen einbrachte; die ruhige, schlichte Sprache, die einfache Schürzung des Knotens und seine Lösung, Kunstgriffe, die er den Franzosen abgelauscht hatte, mißfielen den Anhängern der alten Schule, die das Stück zu verschreien suchten. Mit gesteigertem Beifall brachte er 1792 La nueva comedia, eine glänzende Satire seiner Gegner, auf die Bühne. Während seiner oben erwähnten Reisen wurde das Stück El Barón (1803) aufgeführt, ihm folgten La Mogigata (1804) und 1806 El sí de las niñas, Moratíns Meisterwerk, das seinem Dichter wahre Triumphe einbrachte. — Die politischen Verhältnisse seines Vaterlandes und Besetzung Spaniens durch die Franzosen 1808 brachten ihn um seine angenehme Stellung; zwar ernannte ihn Kaiser Joseph 1811 zu seinem Bibliothekar, schließlich erlangte er auch unter Ferdinand seine früheren Ämter und Würden wieder; aber er fühlte sich vereinsamt und konnte sich den neuen Verhältnissen nicht anpassen; er verlegte deshalb seinen Wohnsitz 1822 dauernd nach Paris, wo er am 21. Juni 1828 starb. Mit ihm ging einer der bedeutendsten der neueren spanischen Dramatiker zu Grabe.

EL SÍ DE LAS NIÑAS.

COMEDIA.

Estas son las seguridades que dan los
padres y los tutores, y esto lo que
se debe fiar en el sí de las niñas.
                          Acto III, Escena XIII.

—————

PERSONAS.

Don Cárlos.
Don Diego.
Doña Francisca.
Doña Irene.
Rita.
Simón.
Calamocha.

La escena es en una posada de Alcalá de Henáres.

El teatro representa una sala de paso, con cuatro puertas de habitaciones para huéspedes, numeradas todas. Una más grande en el foro, con escalera que conduce al piso bajo de la casa. Ventana de antepecho á un lado. Una mesa en medio, un banco, sillas, etc.

La acción empieza á las siete de la tarde, y acaba á las cinco de la mañana siguiente.

ACTO PRIMERO.

ESCENA I.

Don Diego, Simón.

Sale Don Diego de su cuarto. Simón, que está sentado en una silla, se levanta.

Don Diego. ¿No han venido todavía?

Simón. No Señor.

Don Diego. Despacio la han tomado por cierto.

Simón. Como su tía la quiere tanto, según parece, y no la ha visto desde que la llevaron á Guadalajara... 5

Don Diego. Sí. Yo no digo que no la viese; pero con media hora de visita y cuatro lágrimas, estaba concluído.

Simón. Ello también ha sido estraña determinación, la de estarse usted dos días enteros sin salir de la posada. Cansa el leer, cansa el dormir... Y sobre todo, cansa la 10 mugre del cuarto, las sillas desvencijadas, las estampas del Hijo pródigo, el ruído de campanillas y cascabeles, y la conversación ronca de carromateros y patanes, que no permiten un instante de quietud.

Don Diego. Ha sido conveniente el hacerlo así. Aquí 15 me conocen todos... El Corregidor, el señor Abad, el Visitador, el Rector de Málaga... ¡Qué sé yo! Todos... Y ha sido preciso estarme quieto y no esponerme á que me hallasen por ahí.

Simón. Yo no alcanzo la causa de tanto retiro. Pues 20 ¿hay más en esto, que haber acompañado usted á Doña Irene

---

5. *Guadalajara*, Stadt von jetzt ca. 12 000 Einwohnern, am Henares, in der Provinz gleichen Namens (Neukastilien). — 7. *estaba concluído*, die Sache war abgemacht. — 11. *desvencijadas*, wackelig. — 13. *carromateros*, Kärrner. — *patanes*, Bauernlümmel. — 16. *Corregidor*, Bürgermeister. – *Visitador*, Inspektor. — 21. *hay más en esto*, steckt mehr dahinter.

1*

hasta Guadalajara, para sacar del convento á la niña y volvernos con ellas á Madrid?

Don Diego. Sí, hombre, algo más hay de lo que has visto.

Simón. Adelante.

5 *Don Diego.* Algo, algo... Ello tú al cabo lo has de saber y no puede tardarse mucho... Mira, Simón, por Dios te encargo que no lo digas... Tú eres hombre de bién y me has servido muchos años con fidelidad... Ya ves que hemos sacado á esa niña del convento y nos la llevamos á 10 Madrid.

Simón. Sí, señor.

Don Diego. Pues bien... Pero te vuelvo á encargar que á nadie lo descubras.

Simón. Bien está, señor. Jamás he gustado de chismes.

15 *Don Diego.* Ya lo sé, por eso quiero fiarme de ti. Yo, la verdad, nunca había visto á la tal doña Paquita; pero mediante la amistad con su madre, he tenido frecuentes noticias de ella: he leído muchas de las cartas que escribía, he visto algunas de su tía la monja, con quien ha vivido en Guada-20 lajara; en suma, he tenido cuantos informes pudiera desear, acerca de sus inclinaciones y su conducta. Ya he logrado verla; he procurado observarla en estos pocos días, y á decir verdad, cuantos elogios hicieron de ella me parecen escasos.

Simón. Sí, por cierto... Es muy linda y...

25 *Don Diego.* Es muy linda, muy graciosa, muy humilde... Y sobre todo, ¡aquel candor, aquella inocencia! Vamos, es de lo que no se encuentra por ahí... Y talento... Sí señor, mucho talento... Con que, para acabar de informarte, lo que yo he pensado es...

30 *Simón.* No hay que decírmelo.

Don Diego. ¿No? ¿Por qué?

Simón. Porque ya lo adivino. Y me parece excelente idea.

Don Diego. ¿Qué dices?

Simón. Excelente.

35 *Don Diego.* ¿Con qué al instante has conocido.

Simón. Pues ¿no es claro?... ¡Vaya!... Dígole á usted que me parece muy buena boda. Buena, buena.

Don Diego. Sí, señor... Yo lo he mirado bién y lo tengo por cosa muy acertada.

---

14. *chismes,* Klatsch. — 38. *bien mirado,* wohl bedacht.

Simón. Seguro que sí.

Don Diego. Pero quiero absolutamente que no se sepa hasta que esté hecho.

Simón. Y en eso hace usted bién.

Don Diego. Porque no todos ven las cosas de una 5
manera, y no faltaria quien murmurase y dijese que era una locura, y me...

Simón. Locura? ¡Buena locura!... ¿Con una chica como esa, eh?

Don Diego. Pues, ya ves tú. Ella es una pobre... 10
Eso sí. Porque, aquí entre los dos, la buena de Doña Irene se ha dado tal prisa á gastar desde que murió su marido, que si no fuera por esas benditas religiosas y el canónigo de *Castrojeriz*, que es también su cuñado, no tendria para poner un puchero á la lumbre... Y muy vanidosa y muy 15
remilgada, y hablando siempre de su parentela y de sus difuntos, y sacando unos cuentos, que... Pero esto no es del caso... Yo no he buscado dinero, que dineros tengo; he buscado modestia, recogimiento, virtud.

Simón. Eso es lo principal... Y sobre todo, lo que 20
usted tiene ¿para quién ha de ser?

Don Diego. Dices bien... Y ¿sabes tú lo que es una mujer aprovechada, hacendosa, que sepa cuidar de la casa, economizar, estar en todo?... Siempre lidiando con amas, que si una es mala, otra es peor: regalonas, entremetidas, 25
habladoras, llenas de histérico, viejas, feas como demonios... No señor, vida nueva. Tendré quien me asista con amor y fidelidad, y viviremos como unos santos... Y deja que hablen y murmuren, y...

Simón. Pero siendo á gusto de entrambos, ¿qué pueden 30
decir?

Don Diego. No, yo ya sé lo que dirán, pero... Dirán que la boda es desigual, que no hay proporción en la edad, que..

Simón. Vamos que no me parece tan notable la diferencia. Siete ú ocho años, á lo más... 35

Don Diego. ¿Qué, hombre? ¿Qué hablas de siete ú ocho años? Si ella ha cumplido diez y seis años pocos meses há.

---

11. *entre los dos*, unter uns beiden. — 16. *remilgada*, geziert. — 17. *sacando unos cuentos*, ein paar Geschichten auftischend. — 23. *aprovechada*, haushälterisch. — 25. *regalonas*, arbeitsscheu.

6

a.7.l

Simón. ¿Y bien, qué?

Don Diego. Y yo, aunque gracias á Dios estoy robusto y... Con todo eso, mis cincuenta y nueve años no hay quien me los quite.

5 Simón. Pero si yo no hablo de eso.

Don Diego. Pues ¿de qué hablas?

Simón. Decia que... Vamos, ó usted no acaba de explicarse, ó yo lo entiendo al revés... En suma, esta Doña Paquita, ¿con quién se casa?

10 Don Diego. ¿Ahora estamos ahí? Conmigo.

Simón. ¿Con usted?

Don Diego. Conmigo.

Simón. ¡Medrados quedamos!

Don Diego. ¿Qué dices?... Vamos, qué?

15 Simón. ¡Y pensaba yo haber adivinado!

Don Diego. Pues ¿qué creias? Para quién juzgaste que la destinaba yo?

Simón. Para Don Cárlos, su sobrino de usted: mozo de talento, instruído, excelente soldado, amabilisimo por todas sus 20 circunstancias... Para ese juzgué que se guardaba la tal niña.

Don Diego. Pues, no señor.

Simón. Pues bién está.

Don Diego. ¡Mire usted qué idea! ¡Con el otro la había de ir á casar!... No, señor, que estudie sus matemáticas.

25 Simón. Ya las estudía, ó por mejor decir, ya las enseña.

Don Diego. Que se haga hombre de valor y...

Simón. ¡Valor! ¿Todavía pide usted más valor á un oficial que en la última guerra, con muy pocos que se atrevieron á seguirle, tomó dos baterías, clavó los cañones, hizo 30 algunos prisioneros, y volvió al campo lleno de heridas y cubierto de sangre?... Pues bien satisfecho quedó usted entonces del valor de su sobrino; y yo le vi á usted más de cuatro veces llorar de alegría, cuando el Rey le premió con el grado de teniente coronel y una cruz de Alcántara.

35 Don Diego. Sí, señor: todo eso es verdad; pero no viene á cuento. Yo soy el que me caso.

---

8. al revés, verkehrt. — 10. ahora estamos ahí, jetzt verstehen wir's? — 13. medrados quedamos, da sind wir ja schön dran! — 20. circunstancias, Eigenschaften. — 34. teniente coronel, Oberstrittmeister. — cruz de Alcántara, militärischer Verdienstorden, ein Lilienkreuz, am grünen Bande um den Hals zu tragen.

Simón. Si está usted bien seguro de que ella le quiere, si no la asusta la diferencia de la edad, si su elección es libre...

Don Diego. ¿Pues no ha de serlo?... Y ¿qué sacarían con engañarme? Ya ves tú la religiosa de Guadalajara si es mujer de juicio: esta de Alcalá, aunque no la conozco, sé 5 que es una señora des excelentes prendas: mira tú si Doña Irene querrá el bien de su hija, pues todas ellas me han dado cuantas seguridades puedo apetecer... La criada, que la ha servido en Madrid y más de cuatro años en el convento, se hace lenguas de ella, y sobre todo, me ha informado de 10 que jamás observó en esta criatura la más remota inclinación á ninguno de los pocos hombres que ha podido ver en aquel encierro. Bordar, coser, leer libros devotos, oir misa y correr por la huerta detrás de las mariposas, y hechar agua en los agujeros de las hormigas, estas han sido su ocupación y 15 sus diversiones... ¿Qué dices?

Simón. Yo nada, señor.

Don Diego. Y no pienses tú que, á pesar de tantas seguridades, no aprovecho las ocasiones que se presentan para ir ganando su amistad y su confianza, y lograr que se ex- 20 plique conmigo en absoluta libertad... Bien que aún hay tiempo... Sólo que aquella Doña Irene siempre la interrumpe: todo se lo habla... Y es muy buena mujer, buena...

Simón. En fin, señor, y desearé que salga como usted apetece. 25

Don Diego. Sí, yo espero en Dios que no ha de salir mal. Aunque el novio no es muy de tu gusto... ¡Y qué fuera de tiempo me recomendabas al tal sobrinito! ¿Sabes tu lo enfadado que estoy con él?

Simón. Pues ¿qué ha hecho? 30

Don Diego. Una de las suyas... Y hasta pocos días há no lo he sabido. El año pasado, ya lo viste, estuvo dos meses en Madrid... Y me costó buen dinero la tal visita... En fin, es mi sobrino, bien dado está; pero voy al asunto.

---

10. *se hace lenguas*, erhebt sie in den Himmel, kann nichts Gutes genug von ihr sagen. — 23. *todo se lo habla*, sie führt allein das Wort. — 27/28. *qué fuera de tiempo*, wie ungelegen. — 29. *lo enfadado que estoy*, wie ärgerlich ich bin. — 31. *una de las suyas*, einen seiner Streiche.

8

Llegó el caso de irse á Zaragoza á su regimiento... Ya te acuerdas de que á muy pocos dias de haber salido de Madrid, recibí la noticia de su llegada.

Simón. Sí, señor.

5 *Don Diego.* Y que siguió escribiéndome, aunque algo perezoso, siempre con la data de Zaragoza.

Simón. Así es la verdad.

Don Diego. Pues el picarón no estaba allí cuando me escribia las tales cartas.

10 *Simón.* ¿Qué dice usted?

Don Diego. Sí señor. El dia tres de julio salió de mi casa, y á fines de septiembre aún no habia llegado á sus pabellones... ¿No te parece que para ir por la posta hizo muy buena diligencia?

15 *Simón.* Tal vez se pondria malo en el camino, y por no darle á usted pesadumbre...

Don Diego. Nada de eso. Amores del señor oficial y devaneos que le traen loco... Por ahí en esas ciudades puede que... ¿quien sabe?... Si encuentra un par de ojos
20 negros, ya es hombre perdido... No permita Dios que me le engañe alguna bribona de estas que truecan el honor por el matrimonio!

Simón. ¡Oh! No hay que temer... Y si tropieza con alguna fullera de amor, buenas cartas ha de tener para que
25 le engañe.

Don Diego. Me parece que astán ahí... Sí. Gracias á Dios. Busca al mayoral y dile que venga, para quedar de acuerdo en la hora á que deberemos salir mañana.

Simón. Bien está.

30 *Don Diego.* Ya te he dicho que no quiero que esto se trasluzca, ni... ¿Estamos?

Simón. No haya miedo que á nadie lo cuente.

(*Simón se va por la puerta del foro. Salen por la misma las tres mujeres con mantillas y basquiñas. Rita deja un pañuela atado, sobre la mesa y recoje las mantillas y las dobla.*)

---

15. *se pondria malo*, er dürfte krank geworden sein. — 18. *devaneos*, Faseleien. — 24. *fullera*, Moglerin. — 27. *mayoral*, Wagenmeister. — 34. *basquiñas*, farbiges Unterkleid.

ESCENA II.

Doña Irene, Doña Francisca, Rita, Don Diego.

Doña Francisca. Ya estamos acá.

Doña Irene. ¡Ay! ¡qué escalera!

Don Diego. Muy bien venidas, señoras.

Doña Irene. ¿Con que usted, á lo que parece, no ha salido? 5

(*Se sientan Doña Irene y Don Diego.*)

Don Diego. No, señora. Luego, más tarde, daré una vueltecilla por ahí... He leído un rato. Traté de dormir; pero en esta posada no se duerme.

Doña Francisca Es verdad que no... ¡Y qué mos- 10 quitos! mala peste en ellos. Anoche no me dejaron parar... Pero, mire usted. Mire usted (*Desata el pañuelo y manifiesta algunas cosas de las que indica el diálogo*) cuántas cosillas traigo. Rosarios de nácar, cruces de ciprés, la regla de S. Benito, una pililla de cristal... Mire usted que bonita. Y dos corazones de 15 talco... ¡Qué sé yo cuanto viene aquí!... Ay! y una campanilla de barro bendito para los truenos... ¡Tantas cosas!

Doña Irene. Chucherías que la han dado las madres. Locas estaban con ella.

Doña Francisca. ¡Cómo me quieren todas! Y mi tía, 20 mi pobre tía, lloraba tanto!... Es ya muy viejecita.

Doña Irene. Ha sentido mucho no conocer á usted.

Doña Francisca. Sí, es verdad. Decía: ¿porqué no ha venido aquel señor?

Doña Irene. El pobre capellán y el rector de los Verdes 25 nos han venido acompañando hasta la puerta.

Doña Francisca. Toma, (*Vuelve á atar el pañuelo y se le dá á Rita, la cual se va con él y con las mantillas al cuarto de Doña Irene*) guárdamelo todo allí, en la escusabaraja. Mira, llévalo así de las puntas... ¡Válgate Dios eh! ya se ha roto la Santa 30 Gertrudis de alcorza!

Rita. No importa, yo me la comeré.

---

14. *regla,* Ordensregel. — *pililla,* kleiner Weihekessel. — 17. *barro,* Ton, Lehm. — 29. *escusabaraja,* Reisekorb. — 31. *alcorza,* Zuckerteig.

ESCENA III.

Doña Irene, Doña Francisca, Don Diego.

Doña Francisca. ¿Nos vamos adentro, mamá, ó nos quedamos aquí?

Doña Irene. Ahora, niña, que quiero descansar un rato.

Don Diego. Hoy se ha dejado sentir el calor en forma.

5 *Doña Irene.* Y ¡qué fresco tienen en aquel locutorio! Vaya, está hecho un cielo.

Doña Francisca. Pues con todo (*Sentándose junto á Doña Irene*) aquella monja tan gorda, que se llama la Madre Angustias, bien sudaba... ¡Ay, como sudaba la pobre mujer!

10 *Doña Irene.* Mi hermana es la que está bastante delicadita... Ha padecido mucho este invierno... Pero, vaya, no sabía qué hacerse con su sobrina la buena señora... Está muy contenta de nuestra elección.

Don Diego. Yo celebro que sea tan á gusto de aquellas 15 personas, á quienes debe usted particulares obligaciones.

Doña Irene. Sí, Trinidad está muy contenta, y en cuanto á Circuncisión, ya lo ha visto usted. La ha costado mucho despegarse de ella; pero ha conocido que siendo para su bien estar, es necesario pasar por todo... Ya se acuerda usted 20 de lo expresiva que estuvo y...

Don Diego. Es verdad. Sólo falta que la parte interesada tenga la misma satisfacción que manifiestan cuantos la quieren bién.

Doña Irene. Es hija obediente, y no se apartará jamás 25 de lo que determine su madre.

Don Diego. Todo eso es cierto; pero...

Doña Irene. Es de buena sangre, y ha de pensar bien, y ha de proceder con el honor que la corresponde.

Don Diego. Sí, ya estoy; pero ¿no pudiera, sin faltar 30 á su honor ni á su sangre...

Doña Francisca. ¿Me voy, mamá?

(*Se levanta y vuelve á sentarse.*)

---

4. *en forma*, tüchtig. — 12. *no sabía qué hacerse con* ..., sie verstand es nicht, sich zu gewöhnen. — 19. *pasar por todo*, alles hintenan setzen. — 20. *de lo expresiva que estuvo*, wie nachdrücklich sie war. — 29. *ya estoy*, ich verstehe schon. —

Doña Irene. No pudiera, no, señor. Una niña bien educada, hija de buenos padres, no puede ménos de conducirse en todas ocasiones como es conveniente y debido. Un vivo retrato es la chica, ahí donde usted la vé, de su abuela, que Dios perdone, Doña Gerónima de Peralta... En casa 5 tengo el cuadro, ya le habrá usted visto. Y le hicieron, según me contaba su merced, para enviársele á su tío carnal el padre fray Serapión de S. Juan Crisóstomo, electo obispo de Mechoacán.

Don Diego. Ya. 10

Doña Irene. Y murió en el mar, el buen religioso: que fué un quebranto para toda la familia... Hoy es, y todavía estamos sintiendo su muerte: particularmente mi primo Don Cucufate, regidor perpétuo de Zamora, no puede oir hablar de su Ilustrísima sin deshacerse en lágrimas. 15

Doña Francisca. !Válgate Dios! que moscas tan...

Doña Irene. Pues murió en olor de santidad.

Don Diego. Eso bueno es.

Doña Irene. Si, señor; pero como la familia ha venido tan á ménos... ¿Qué quiere usted? Donde no hay facul- 20 tades... Bien que, por lo que puede tronar, ya se le está escribiendo la vida; y quien sabe que el dia de mañana no se imprima, con el fávor de Dios.

Don Diego. Si, pues ya se ve. Todo se imprime.

Doña Irene. Lo cierto es que el autor, que es sobrino 25 de mi hermano político, el canónigo de Castrojeriz, no la deja de la mano, y á la hora de esta lleva ya escritos nueve tomos en fólio, que comprenden los nueve años primeros de la vida del santo obispo.

Don Diego. ¿Con qué para cada año un tomo? 30

Doña Irene. Si, señor, ese plan se ha propuesto,

Don Diego. Y ¿de qué edad murió el venerable?

Doña Irene. De ochenta y dos años, tres meses y ca-torce dias.

Doña Francisca. ¿Me voy mamá? 35

Doña Irene. Anda vete. ¡Válgate Dios, que prisa tienes!

---

2. *no puede ménos,* kann nicht umhin, kann nichts verfehlen. 12. *hoy es y todavía,* immer noch bis auf den heutigen Tag. — 15. *su Ilustrísima,* Seine Hochwürden. — 19/20. *ha venido tan á ménos,* sie ist heruntergekommen. — 21. *por lo que puede tronar,* wegen des, was sich allenfalls ereignen könnte. — 26. *hermano político,* Schwager.

Doña Francisca. ¿Quíere usted *(Se levanta, y después de hacer una graciosa cortesía á Don Diego, da un beso á Doña Irene y se va al cuarto de esta)* que le haga une cortesía á la francesa, señor Don Diego?

5 *Don Diego.* Sí, hija mía. A ver.

Doña Francisca. Míre usted, así.

Don Diego. ¡Graciosa niña! Viva la Paquita, viva.

Doña Francisca. Para usted una cortesía, y para mi mamá, un beso.

ESCENA IV.

Doña Irene, Don Diego.

10 *Doña Irene.* Es muy gitana y muy mona, mucho.

Don Diego. Tiene un donaire natural que arrebata.

Doña Irene. ¿Qué quiere usted? Criada sin artificio ni embelecos de mundo, contenta de verse otra vez ul lado de su madre, y mucho más de considerar tan inmediata su 15 colocación; no es maravilla que cuanto hace y dice sea una gracia, y máxime á los ojos de usted, que tanto se ha empeñado en favorecerla.

Don Diego. Quisiera sólo que se explicase libremente acerca de nuestra proyectada unión, y...

20 *Doña Irene.* Oiría usted lo mismo que le he dicho ya.

Don Diego. Sí, no lo dudo; pero el saber que la merezco alguna inclinación, oyéndoselo decir con aquella boquilla tan graciosa que tiene, seria para mí una satisfacción imponderable.

25 *Doña Irene.* No tenga usted sobre ese particular la más leve desconfianza; pero hágase usted cargo de que á una niña no la es lícito decir con ingenuidad lo que siente. Mal parecería, señor Don Diego, que una doncella de vergüenza y criada como Dios manda, se atreviese á decirle á 30 un hombre: yo le quiero á usted.

Don Diego Bién: si fuese un hombre á quien hallara por casualidad en la calle y le expeiara ese favor de buenas á primeras, cierto que la doncella haría muy mal; pero á un hombre con quien ha de casarse dentro de pocos días,

---

21/22. *la merezco alguna inclinación,* ich werde von ihr der Zuneigung für wert befunden. — 26. *hágase usted cargo,* machen Sie sich klar. — 32/33. *de buenas á primeras,* beim ersten Blick.

ya pudiera decirle alguna cosa que... Además, que hay ciertos modos de explicarse...

Doña Irene. Conmigo usa de más franqueza. A cada instante hablamos de usted, y en todo manifiesta el particular cariño que á usted le tiene... ¡Con qué juicio hablaba ayer 5 noche, después que usted se fué á recoger! No sé lo que hubiera dado porque hubiese podido oirla.

Don Diego. ¿Y qué? ¿Hablaba de mí?

Doña Irene. ¿Y que bien piensa, acerca de lo preferible que es para una criatura de sus años un marido de cierta 10 edad, esperimentado, maduro y de conducta...

Don Diego. ¡Calle! ¿Eso decía?

Dona Irene. No, esto se lo decía yo, y me escuchaba con una atención como si fuera una mujer de cuarenta años, lo mismo... ¡Buenas cosas la dije! Y ella que tiene mucha 15 penetración, aunque me esté mal el decirlo... ¿Pues no da lástima, señor, el ver como se hacen los matrimonios hoy en el día? Casan á una muchacha de quince años con un arrapiezo de diez y ocho, á una de diez y siete con otro de veinte y dos: ella niña, sin juicio ni experiencia, y él niño 20 también, sin asomo de cordura ni conocimiento de lo que es mundo. Pues señor (que es lo que yo digo), ¿quién ha de gobernar la casa? ¿Quién ha de mandar á los criados? ¿Quién ha de enseñar y corregir á los hijos? Porque sucede también, que estos atolondrados de chicos. suelen plagarse de 25 criaturas en un instante, que da compasión.

Don Diego. Cierto que es un dolor el ver rodeados de hijos á muchos que carecen del talento, de la experiencia y y de la virtud que son necesarias para dirigir su educación.

Doña Irene. Lo que sé decirle á usted es, que aún no 30 habiá cumplido los diez y nueve, cuando me casé de primeras nupcias con mi difunto Don Epifanio, que esté en el cielo. Y era un hombre que, mejorando lo presente, no es posible hallarle de más respeto, más caballeroso... Y al mismo tiempo, más divertido y decidor. Pues, para servir á usted, 35

---

9. *acerca de lo preferible etc.,* über den Vorzug, den für ein Mädchen in ihren Jahren ein Gatte hat... — 19. *arrapiezo,* Lump. — 21. *asomo de cordura,* Anschein von Vernunft. — 25. *atolondrados de chicos*; im Deutschen trenne man beide Begriffe: diese Unbesonnenen, diese Kinder. — 25. *plagarse,* heimgesucht werden. — 33. *mejorando lo presente,* selbst gegenwärtig, wo es besser geworden ist. — 35. *decidor,* gesprächig.

ya tenía los cincuenta y seis, muy largos de talle cuando se casó conmigo.

Don Diego. Buena edad... No era un niño, pero...

Doña Irene. Pues á eso voy... Ni á mí podía con-
5 venirme en aquel entónces un boquirrubio, con los cascos á la gineta... No, señor... Y no es decir tampoco que estuviese achacoso ni quebrantado de salud; nada de eso. Sanito estaba, gracias á Dios, como una manzana; ni en su vida conoció otro mal, sino una especie de alferecia que le
10 amagaba de cuando en cuando. Pero luego que nos casamos dió en darle tan á menudo y tan de recio, que á los siete meses me hallé viuda, y en cinta de una criatura que nació después; y al cabo y al fin se me murió de alfombrilla.

Don Diego. ¡Oiga!... Y ¿fué niño ó niña?

15 *Doña Irene.* Un niño muy hermoso. Como una plata era el angelito.

Don Diego. Cierto que es consuelo tener, así, una criatura y...

Doña Irene. ¡Ay, señor! Dan malos ratos; pero ¿qué
20 importa? Es mucho gusto, mucho.

Don Diego. Yo lo creo.

Doña Irene. Sí, señor.

Don Diego. Ya se ve que será una delicia y...

Doña Irene. Pues ¿no ha de ser?

25 *Don Diego.* Un embeleso el verlos juguetear y reir, y acariciarlos, y merecer sus fiestecillas inocentes.

Doña Irene. ¡Hijos de mi vida! Veinte y dos he tenido en los tres matrimonios que llevo hasta ahora, de los cuales solo esta niña me ha venido á quedar; pero le
30 aseguro á usted que...

ESCENA V.

Simón (Sale por la puerta del foro), Doña Irene, Don Diego.

Simón. Señor, el mayoral está esperando.

Don Diego. Dile que voy allá... Ah! Tráeme primero el sombrero y el bastón, que quisiera dar una vuelta por el

---

1. *muy largos de talle,* reichlich, voll gezählt. — 5. *boquirrubio,* Schwatzmaul. — 5/6. *con los cascos á la gineta,* eigentlich: mit der Sturmhaube auf der Pike, d. h. unbesonnen, mit der Tür ins Haus fallend. — 7. *achacoso,* kränklich. — 9. *alferecía,* fallende Krankheit. — 13. *alfombrilla,* Masern. — 19. *malos ratos,* Unannehmlichkeiten.

campo. *(Entra Simón al cuarto de Don Diego, saca un sombrero y un bastón, se los da á su amo, y al fin de la escena se va con él por la puerta del foro.)* ¿Con qué, supongo que mañana tempranito saldrémos?

Doña Irene. No hay dificultad. A la hora que á usted 5
le parezca.

Don Diego. A eso de las seis. Eh?

Doña Irene. Muy bien.

Don Diego. El sol nos da de espaldas... Le diré que
venga una media hora antes. 10

Doña Irene. Sí, que hay mil chismes que acomodar.

ESCENA VI.

Doña Irene, Rita.

Doña Irene. Válgame Dios, ahora que me acuerdo...
Rita... Me le habrán dejado morir. Rita.

Rita. Señora.

(Sacará Rita unas sábanas y almohadas debajo del brazo) 15

Doña Irene. ¿Qué has hecho del tordo? Le diste de
comer?

Rita. Sí señora. Mas ha comido que un avestruz. Ahí
le puse en la ventana del pasillo.

Doña Irene. Y aquella chica ¿qué hace? 20

Rita. Está desmenuzando un bizcocho para dar de cenar
á Don Periquito.

Doña Irene. ¡Qué pereza tengo de escribir! *(Se levanta
y se entra en su cuarto.)* Pero es preciso, que estará con mucho
cuidado la pobre Circuncision. 25

Rita. ¡Qué chapucerías! No ha dos horas, como quien
dice, que salimos de allá, y ya empiezan á ir y venir cor-
reos. Qué poco me gustan á mí las mujeres gazmoñas y
zalameras! *(Éntrase en el cuarto de Doña Francisca.)*

ESCENA VII.

*Calamocha (Sale por la puerta del foro con unas maletas, látigo y botas; lo
deja todo sobre la mesa y se sienta)*

Calamocha. ¿Con que ha de ser el número tres? Vaya 30
en gracia... Ya, ya conozco el tal número tres. Colección

---

28. *gazmoñas,* scheinheilige. — 29. *zalameras,* Speichellecker. —
30/31. *vaya en gracia,* geht mir doch gefälligst, na ich danke schön!

16

de bichos más abundante no la tiene el Gabinete de Historia
natural... Miedo me da de entrar... Ay! ay! Y ¡qué
agujetas! Estas sí que son agujetas... Paciencia, pobre
Calamocha, paciencia... Y gracias á que los caballitos
5 dijeron: no podemos más, que si no, por esta vez no veía yo
el número tres, ni las plagas de Faraón que tiene dentro...
En fin, como los animales amanezcan vivos, no será poco...
Rebentados están... *(Canta Rita desde adentro, Calamocha se levanta*
desperezándose.) ¡Oiga!... ¿Seguidillitas?... Y no canta
10 mal... Vaya, aventura tenemos... ¡Ay, qué desvencijado
estoy!

ESCENA VIII.

Rita, Calamocha.

Rita. Mejor es cerrar, no sea que nos alivien de ropa
y... *(Forcejeando para echar la llave.)* Pues cierto que está bien
acondicionada la llave.
15 *Calamocha.* ¿Gusta usted de que eche una mano, mi vida?
Rita. Gracias, mi alma.
Calamocha. ¡Calle!... Rita.
Rita. Calamocha.
Calamocha. ¿Qué hallazgo es este?
20 *Rita.* ¿Y tu amo?
Calamocha. Los dos acabamos de llegar.
Rita. ¿De veras?
Calamocha. No que es chanza. Apénas recibió la carta
de Doña Paquita, yo no sé adónde fué, ni con quién habló,
25 ni cómo lo dispuso; sólo sé decirte que aquella tarde salimos
de Zaragoza. Hemos venido como dos centellas, por ese camino. Llegamos esta mañana á Guadalajara, y á las primeras diligencias nos hallamos con que los pájaros volaron
ya. A caballo otra vez y vuelta á correr y á sudar y á
30 dar chasquidos... En suma, molidos los rocines y nosotros
á medio moler, hemos parado aquí con ánimo de salir mañana...

3. *agujetas*, Stiche, Reißen. — 7. *amanezcan vivos*, sie müssen
früh munter sein. — 10/11. *qué desvencijado estoy*, was muß ich mich
doch abplagen! — 27/28. *á las primeras diligencias*, beim ersten Nach-
forschen. — 28. *nos hallamos con*, wir fanden uns der Tatsache
gegenüber. — 29. *vuelta á correr*, wieder ging es aus Laufen. —
30. *dar chasquidos*, mit der Peitsche knallen. — 31. *á medio moler*,
halb gerädert.

Mi teniente se ha ido al colegio mayor á ver á un amigo, miéntras se dispone algo que cenar... Esta es la historia.

Rita. ¿Con qué le tenemos aquí?

Calamocha. Y enamorado más que nunca, zeloso, amenazando vidas... Aventurado á quitar el hipo á cuantos le 5 disputen la posesión de su Currita idolatrada.

Rita. ¿Qué dices?

Calamocha. Ni más ni ménos.

Rita. ¡Qué gusto me das!... Ahora sí se conoce que la tiene amor. 10

Calamocha. ¿Amor?... ¡Friolera!... El moro Gazul fué para él un pelele, Medoro un zascandil, y Gaiferos un chiquillo de la doctrina.

Rita. ¡Ay cuándo la señorita lo sepa!

Calamocha. Pero acabemos. ¿Como te hallo aquí? Con 15 quién estás? ¿Cuando llegaste? Que...

Rita. Yo te lo diré. La madre de Doña Paquita dió en escribir cartas y más cartas, diciendo que tenía concertado su casamiento en Madrid con un caballero rico, honrado, bien quisto, en suma cabal y perfecto, que no había mas que 20 apetecer. Acosada la señorita con tales propuestas, y angustiada incesantemente con los sermones de aquella bendita monja, se vió en la necesidad de responder que estaba pronta á todo lo que la mandasen... Pero no te puedo ponderar cuánto lloró la pobrecita, que afligida estuvo. Ni quería comer, 25 ni podía dormir... Y al mismo tiempo era preciso disimular para que su tía no sospechára la verdad del caso. Ello es que cuando, pasado el primer susto, hubo lugar de discurrir escapatorias y arbitrios, no hallamos otro que el de avisar á tu amo; esperando que si era su cariño tan verdadero y de 30 buena ley como nos había ponderado, no consentiría que su pobre Paquita pasára á manos de un desconocido, y se perdiesen para siempre tantas caricias, tantas lágrimas y tantos suspiros, estrellados en las tapias del corral. A pocos dias

---

5. *hipo,* Lust, Begierde. — 6. *Currita,* Liebste. — 11. *Friolera,* Lappalie. — 11/12. *Gazul, Medoro, Gaiferos,* in den alten spanischen Romanzen öfter erwähnte maurische und christliche Helden. — 12. *pelele,* Strohpuppen; *zascandil,* Charlatan. — 13. *chiquillo de la doctrina,* Waisenknabe. — 27. *ello es,* die Sache ist die. — 29. *escapatorias y arbitrios,* Auswege und Vorwände. — 31. *ponderado,* zu erkennen gegeben. — 34. *estrellados en las tapias del corral,* zerschmettert an den Mauern des Hofes, d. h. zwecklos vergeudet.

18

de haberle escrito, cata el coche de colleras y el mayoral
Gasparet con sus medias azules, y la madre y el novio que
vienen por ella: recogimos á toda prisa nuestros meriñaques,
se atan los cofres, nos despedimos de aquellas buenas mujeres,
5 y en dos latigazos llegamos antes de ayer á Alcalá. La
detención ha sido para que la señorita visite á otra tía monja
que tiene aquí, tan, arrugada y tan sorda como la que dejamos
allá. Ya la ha visto, ya la han besado bastante una por
una todas las religiosas, y creo que mañana temprano sal-
10 dremos. Pero esta casualidad nos...

    Calamocha. Sí. No digas más... Pero... ¿Con que
el novio está en la posada?

    Rita. Ese es su cuarto *(Señalando el cuarto de Don Diego,
el de Doña Irene y el de Doña Francisca)*, este el de la madre, y
15 aquel el nuestro.

    Calamocha. ¿Como nuestro? ¿Tuyo y mío?

    Rita. No por cierto. Aquí dormiremos esta noche la
señorita y yo; porque ayer, metidas las tres en ese de en-
frente, ni cabiamos de pié, ni pudimos dormir un instante,
20 ni respirar siquiera.

    Calamocha. Bien... A Dios. *(Recoge los trastos que puso
sobre la mesa, en ademán de irse.)*

    Rita. ¿Y adónde?

    Calamocha. Yo me entiendo... Pero el novio ¿trae
25 consigo criados, amigos ó deudos que le quiten la primera
zambullida que le amenaza?

    Rita. Un criado viene con él.

    Calamocha. ¡Poca cosa!... Mira, dile en caridad que
se disponga, porque está de peligro. A Dios.

30   *Rita.* ¿Y volverás presto?

    Calamocha. Se supone. Estas cosas piden diligencia; y
aunque apenas puedo moverme, es necesario que mi teniente
deje la visita y venga á cuidar de su hacienda, disponer el
entierro de ese hombre, y... ¿Conque ese es nuestro cuar-
35 to, eh?

    Rita. Sí. De la señorita y mío.

---

1. *cata el coche*, da kommt die Kutsche (= voici le carosse). —
coche de colleras, sechsspännige Mietskutsche. — 19. *ni cabíamos de
pié*, wir hatten nicht einmal Platz zum Stehen. — 26. *zambullida*,
Stoß auf die Brust (beim Fechten). — 29. *se disponga*, er möge sich
vorsehen!

Calamocha. ¡Bribona!

Rita. ¡Botarate! A Dios.

Calamocha. A Dios, aborrecida. *(Entrase con los trastos al cuarto de Don Cárlos.)*

ESCENA IX.

Doña Francisca, Rita.

Rita. Qué malo es... Pero... ¡Válgame Dios! ¡Don 5 Felix aquí! Sí, la quiere, bien se conoce... *(Sale Calamocha del cuarto de Don Cárlos, y se va por la puerta del foro.)* Oh! por más que digan, los hay muy finos, y entónces, ¿qué ha de hacer una?... Quererlos: no tiene remedio, quererlos... Pero ¿qué dirá la señorita cuando le vea, que está ciega 10 por él? ¡Pobrecita! Pues ¿no sería una lástima que?... Ella es. *(Sale Doña Francisca.)*

Doña Francisca. ¡Ay, Rita!

Rita. ¿Qué es eso? ¿Ha llorado usted?

Doña Francisca. ¡Pues no he de llorar! Si vieras mi 15 madre... Empeñada está en que he de querer mucho á ese hombre... Si ella supiera lo que sabes tú, no me mandaría cosas imposibles... Y que es tan bueno, y que es rico y que me irá tan bien con él... Se ha enfadado tanto, y me ha llamado picarona, inobediente... ¡Pobre de mi! Porque 20 no miento, ni sé fingir, por eso me llaman picarona.

Rita. Señorita, por Dios, no se aflija usted.

Doña Francisca. Ya, como tú no lo has oído... Y dice que Don Diego se queja de que yo no le digo nada... Harto le digo, y bién he procurado hasta ahora mostrarme 25 contenta delante de él, que no lo estoy por cierto, y reirme y hablar de niñerías... Y todo, por dar gusto á mi madre, que si no... Pero bien sabe la Vírgen que no me sale del corazón. *(Se va obscureciendo lentamente el teatro.)*

Rita. Vaya, vamos, que no hay motivos todavía para 30 tanta angustia... ¿Quién sabe?... ¿No se acuerda usted ya de aquel día de asueto que tuvimos el año pasado en la casa de campo del intendente?

2. *botarate*, unbesonnener Mensch, Windbeutel. — 26. *que no lo estoy*, während ich es doch gar nicht bin. — 32. *día de asueto*, Ferientag.

20

Doña Francisca. ¡Ay! ¿como puedo olvidarlo?... ¿Pero qué me vas á contar?

Rita. Quiero decir que aquel caballero que vimos allí con aquella cruz verde, tan galán, tan fino...

5 *Doña Francisca.* ¡Qué rodeos!... Don Felix. ¿Y qué?

Rita. Que nos fué acompañando hasta la ciudad...

Doña Francisca. Y bien... Y luego volvió, y le ví, por mi desgracia, muchas veces... mal aconsejada de tí.

Rita. ¿Por qué, señora?... ¿A quién dimos escándalo?

10 Hasta ahora nadie lo ha sospechado en el convento. Él no entró jamás por las puertas, y cuando de noche hablaba con usted, mediaba entre los dos una distancia tan grande, que usted la maldijo, no pocas veces... Pero esto no es del caso. Lo que voy á decir es, que un amante como aquel

15 no es posible que se olvide tan presto de su querida Paquita... Mire usted que todo cuanto hemos leído á hurtadillas en las novelas, no equivale á lo que hemos visto en él... ¿Se acuerda usted de aquellas tres palmadas que se oían entre once y doce de la noche, de aquella sonata punteada con

20 tanta delicadeza y expresión?

Doña Francisca. ¡Ay, Rita! Sí, de todo me acuerdo, y mientras viva conservaré la memoria... Pero está ausente... Y entretenido acaso con nuevos amores.

Rita. Eso no lo puedo yo creer.

25 *Doña Francisca.* Es hombre al fin, y todos ellos...

Rita. ¡Qué bobería! Desengáñese usted, señorita. Con los hombres y las mujeres sucede lo mismo que con los melones. Hay de todo; la dificultad está en saber escogerlos. El que se lleva chasco en la elección, quéjese de su mala

30 suerte, pero no desacredite la mercancía... Hay hombres muy embusteros, muy picarones; pero no es creible que lo sea el que ha dado pruebas tan repetidas de perseverancia y amor. Tres meses duró el terrero y la conversación á obscuras, y en todo aquel tiempo, bién sabe usted que no

35 vímos en él una acción descompuesta, ni oímos de su boca una palabra indecente ni atrevida.

Doña Francisca. Es verdad. Por eso le quise tanto, por eso le tengo tan fijo aquí... aquí... *(señalando el pecho.)*

---

28. *hay de todo*, es gibt von jeder Art. — 29. *chasco*, Unglück, Pech. — 33. *terrero*, Fensterln, Hofmachen vor dem Fenster.

¿Qué habrá dicho al ver la carta?... !Oh¡ Yo bién sé lo que habrá dicho... ¡Válgate Dios! ¡Es lástima!... Cierto. ¡Pobre Paquita!... Y se acabó... No habrá dicho más... nada más.

Rita. No, señora, no ha dicho eso. 5

Doña Francisca. ¿Qué sabes tú?

Rita. Bien lo sé. Apénas haya leído la carta se habrá puesto en camino, y vendrá volando á consolar á su amiga... Pero...

(Acercándose á la puerta del cuarto de Doña Irene.)

Doña Francisca. ¿Adónde vas? 10

Rita. Quiero ver si...

Doña Francisca. Está escribiendo.

Rita. Pues ya presto habrá de dejarlo, que empieza á anochecer... Señorita, lo que la he dicho á usted es la verdad pura. Don Felix está ya en Alcalá. 15

Doña Francisca. ¿Qué dices? no me engañes.

Rita. Aquel es su cuarto... Calàmocha acaba de hablar conmigo.

Doña Francisca. ¿De veras?

Rita. Si, señora... Y le ha ido á buscar para.. 20

Doña Francisca. ¿Con que me quiere?... ¡Ay Rita! Mira tú si hicimos bien de avisarle... ¿Pero ves qué fineza?... ¡Correr tantas leguas sólo por verme... porque yo se lo mando!... ¡Qué agradecida le debo estar!... ¡Oh! yo le prometo que no se quejará de mí. Para siempre agradeci- 25 miento y amor.

Rita. Voy á traer luces. Procuraré detenerme por allá abajo hasta que vuelvan... Veré lo que dice y qué piensa hacer, porque hallándonos todos aquí, pudiera haber una de Satanás entre la madre, la hija, el novio y el amante; y si no 30 ensayamos bien esta contradanza, nos hemos de perder en ella.

Doña Francisca. Dices bién... Pero no, él tiene resolución y talento, y sabrá determinar lo más conveniente... ¿Y cómo has de avisarme?... Mira que así que llegue le quiero ver. 35

Rita. No hay que dar cuidado. Yo le traeré por acá, y en dándome aquella tosecilla seca... ¿Me entiende usted?

29/30. *una de Satanás*, eine verteufelte Geschichte. — 31. *nos perder en ella*, dabei stecken bleiben.

Doña Francisca. Sí, bien.

Rita. Pues entónces no hay más que salir con cualquiera excusa. Yo me quedaré con la señora mayor, la hablaré de todos sus maridos y de sus concuñados, y del obispo que
5 murió en el mar... Además, que si está allí Don Diego...

Doña Francisca. Bien, anda, y así que llegue...

Rita. Al instante.

Doña Francisca. Que no se te olvide toser.

Rita. No haya miedo.

10 *Doña Francisca.* ¡Si vieras qué consolada estoy!

Rita. Sin que usted lo jure lo creo.

Doña Francisca. ¿Te acuerdas cuando me decía que era imposible apartarme de su memoria, que no habría peligros que le detuvieran, ni dificultades que no atropellara por mí?

15 *Rita.* Sí, bien me acuerdo.

Doña Francisca. ¡Ah!... Pues mira como me dijo la verdad. *(Doña Francisca se va al cuarto de Doña Irene. Rita por la puerta del foro.)*

ACTO SEGUNDO.

ESCENA I.

Teatro oscuro.

Doña Francisca. Nadie parece aún... *(Acércase á la*
20 *puerta del foro y vuelve.)* ¡Qué impaciencia tengo!... Y dice mi madre que soy una simple, que sólo pienso en jugar y reir, y que no sé lo que es amor... Sí, diez y siete años y no cumplidos; pero ya sé lo que es querer bien, y la inquietud y las lágrimas que cuesta.

ESCENA II.

Doña Irene, Doña Francisca.

25 *Doña Irene.* Sola y á obscuras me habéis dejado allí.

Doña Francisca. Como estaba usted acabando su carta,

---

3. *señora mayor,* die alte gnädige Frau.

mamá, por no estorbarla me he venido aquí, que está mucho
más fresco.

Doña Irene. ¿Pero aquella muchacha qué hace, que no
trae una luz? Para cualquiera cosa se está un año... Y
yo que tengo un genio como una pólvora... *(Siéntase.)* Sea 5
todo por Dios... ¿Y Don Diego no ha venido?

Doña Francisca. Me parece que no.

Doña Irene. Pues cuenta, niña, con lo que te he dicho
ya. Y mira que no gusto de repetir una cosa dos veces.
Este caballero está sentido, y con muchísima razon... 10

Doña Francisca. Bien, sí, señora, ya lo sé. No me
riña usted más.

Doña Irene. No es esto reñirte, hija mía, esto es acon-
sejarte. Porque como tú no tienes conocimiento para considerar el bién que se nos ha entrado por las puertas... Y 15
lo atrasada que me coge, que yo no sé lo que hubiera sido
de tu pobre madre... Siempre cayendo y levantando...
Médicos, botica... Que se dejaba pedir aquel caribe de. Don
Bruno (Dios le haya coronado de gloria) los veinte y los
treinta reales por cada papelillo de píldoras de coloquíntida 20
y asafétida... Mira que un casamiento como el que vas á
hacer, muy pocas le consiguen. Bien que á las oraciones de
tus tias, que son unas bienaventuradas, debemos agradecer esta
fortuna, y no á tus méritos ni á mi diligencia... ¿Qué dices?

Doña Francisca. Yo nada, mamá. 25

Doña Irene. Pues nunca dices nada. ¡Válgame Dios,
señor!... En hablándote de esto, no te ocurre nada que decir.

ESCENA III.

Rita (Sale de la puerta del foro con luces y las pone encima de la mesa),
Doña Irene, Doña Francisca.

Doña Irene. Vaya, mujer, yo pensé que en toda la noche
no venias.

Rita. Señora, he tardado porque han tenido que ir á 30

---

4. *para cualquiera cosa se está un año,* wegen der geringfügigsten
Sache bleibt sie gleich ein Jahr fort. — 5. *como una pólvora;* Irene
sagt so von ihrem lebhaften Geist, im Gegensatz zu Ritas Lang-
samkeit.

comprar las velas. Como el tufo del velón la hace á usted tanto daño.

Doña Irene. Seguro que me hace muchísimo mal, con esta jaqueca que padezco... Los parches de alcanfor al cabo
5 tuve que quitármelos; si no me sirvieron de nada. Con las obleas me parece que me va mejor... Mira, deja una luz ahí y llévate la otra á mi cuarto, y corre la cortina, no se me llene todo de mosquitos.

Rita. Muy bien. *(Toma una luz y hace que se va.)*
10 *Doña Francisca.* *(Aparte á Rita.)* ¿No ha venido?

Rita. Vendrá.

Doña Irene. Oyes, aquella carta que está sobre la mesa, dásela al mozo de la posada para que la lleve al instante al correo... *(Vase Rita al cuarto de Doña Irene.)* Y tú, niña, ¿qué
15 has de cenar? Porque será menester recojernos presto para salir mañana de madrugada.

Doña Francisca. Como las monjas me hicieron merendar...

Doña Irene. Con todo eso... Siquiera unas sopas del puchero para el abrigo del estómago... *(Sale Rita con una*
20 *carta en la mano, y hasta el fin de la escena hace que se va y vuelve según lo indica el diálogo.)* Mira, has de calentar el caldo que apartámos al mediodía, y haznos un par de tazas de sopas, y traételas luego que estén.

Rita. ¿Y nada más?
25 *Doña Irene.* No, nada más... ¡Ah! y házmelas bien caldositas.

Rita. Sí, ya lo sé.

Doña Irene. Rita.

Rita. Otra. ¿Qué manda usted?
30 *Doña Irene.* Encarga mucho al mozo que lleve la carta al instante... Pero, no, señor, mejor es... No quiero que la lleve él, que son unos borrachones, que no se les puede... Has de decir á Simón, que digo yo, que me haga el gusto de echarla en el correo. ¿Lo entiendes?
35 *Rita.* Sí, señora.

Doña Irene. ¡Ah! mira.

Rita. Otra.

Doña Irene. Bien que ahora no corre prisa... Es menester que luego me saques de ahí al tordo y colgarle por

---

5. *si me sirvieron*, da sie mir doch dienten.

aquí, de modo que no se caiga y se me lastime... *(Vase Rita por la puerta del foro.)* ¡Qué noche tan mala me dió!... ¡Pues no se estuvo el animal toda la noche de Dios rezando el Gloria Patri y la oración del Santo Sudario!... Ello por otra parte edificaba, cierto... Pero cuando se trata de dormir... 5

ESCENA IV.

Doña Irene, Doña Francisca.

Doña Irene. Pues mucho será que Don Diego no haya tenido algún encuentro por ahí y eso le detenga. Cierto que es un señor muy mirado, muy puntual... ¡Tan buen cristiano! ¡Tan atento! ¡Tan bien hablado! ¡Y con qué garbo y generosidad se porta!... Ya se vé, un sujeto de bienes y de po- 10 sibles... Y ¡qué casa tiene!... Como un ascua de oro la tiene... Es mucho aquello. ¡Qué ropa blanca! ¡Qué batería de cocina! ¡Y qué despensa, llena de cuanto Dios crió!... Pero tú no parece que atiendes á lo que estoy diciendo. 15

Doña Francisca. Sí, señora, bien lo oigo; pero no la quería interrumpir á usted.

Doña Irene. Allí estarás, hija mia, como el pez en el agua: pajaritas del aire que apetecieras, las tendrías, porque como él te quiere tanto, y es un caballero tan de bién y tan 20 temeroso de Dios... Pero mira, Francisquita, que me cansa de veras el que siempre que te hablo de esto, hayas dado en la flor de no responderme palabra... Pues no es cosa particular, señor.

Doña Francisca. Mamá, no se enfade usted. 25

Doña Irene. No es buen empeño de... ¿Y te parece á tí que no sé yo muy bien de dónde viene todo eso?... ¿No ves que conozco las locuras que se te han metido en esa cabeza de chorlito?... Perdóneme Dios.

Doña Francisca. Pero... Pues ¿qué sabe usted? 30

Doña Irene. ¿Me quieres engañar á mí, eh? ¡Ay hija! He vivido mucho, y tengo yo mucha trastienda y mucha penetración para que tú me engañes.

---

6. *mucho será*, es wäre sehr zu verwundern. — 10/11. *sujeto de posibles*, eine vermögende Person. — 22. *hayas dado in la flor*, Du bist auf den Kniff verfallen. — 29. *cabeza de chorlito*, Hohlkopf, Dummkopf. — 32. *trastienda*, Vorsichtsmaßregel, Schlauheit.

26

Doña Francisca. (*Aparte.*) ¡Perdida soy!

Doña Irene. Sin contar con su madre... Como si tal
madre no tuviera... Yo te aseguro, que aunque no hubiera
sido con esta ocasión, de todos modos era ya necesario sacarte
5 del convento. Aunque hubiera tenido que ir á pié y sola
por ese camino, te hubiera sacado de allí... ¡Mire usted
qué juicio de niña este! Que, porque ha vivido un poco de
tiempo entre monjas, ya se la puso en la cabeza el ser ella
monja también... Ni que entiende ella de eso, ni que...
10 En todos los estados se sirve á Dios, Frasquita; pero el com-
placer á su madre, asistirla, acompañarla y ser el consuelo
de sus trabajos, esa es la primera obligacion de una hija
obediente. Y sépalo usted, si no lo sabe.

Doña Francisca. Es verdad, mamá... Pero yo nunca
15 he pensado abandonarla á usted.

Doña Irene. Sí, que no sé yo...

Doña Francisca. No, señora. Créame usted. La Paquita
nunca se apartará de su madre, ni la dará disgustos.

Doña Irene. Mira si es cierto lo que dices.

20 *Doña Francisca.* Sí, señora, que yo no sé mentir.

Doña Irene. Pues hija, ya sabes lo que te he dicho.
Ya ves lo que pierdes, y la pesadumbre que me darás si no
te portas en un todo como correspondente. ¡Cuidado con ello!

Doña Francisca. ¡Pobre de mi! (*Aparte.*)

ESCENA V.

*Don Diego (Sale por la puerta del foro, y deja sobre la mesa sombrero
y bastón), Doña Irene, Doña Francisca.*

25 *Doña Irene.* ¿Pues cómo tan tarde?

Don Diego. Apénas salí, tropecé con el padre guardián
de San Diego y el doctor Padilla, y hasta que me han har-
tado bien de chocolate y bollos no me han querido soltar...
(*Siéntase junto á Doña Irene.*) Y á todo esto, ¿cómo vá?

30 *Doña Irene.* Muy bien.

Don Diego. ¿Y Doña Paquita?

Doña Irene. Doña Paquita siempre acordándose de sus
monjas. Ya la digo que es tiempo de mudar de bisiesto, y
pensar sólo en dar gusto á su madre y obedecerla.

---

2. *contar con*, Rücksicht nehmen. — 33. *mudar de bisiesto*
(Schaltjahr), anderen Sinnes werden.

Don Diego. ¡Qué diantre! Conque tanto se acuerda de...

Doña Irene. ¿Qué se admira usted? Son niñas... No saben lo que quieren, ni lo que aborrecen... En una edad, así tan...

Don Diego. No, poco á poco, eso no. Precisamente 5 en esa edad son las pasiones algo más enérgicas y decisivas que en la nuestra; y por cuanto la razón se halla todavía imperfecta y débil, los ímpetus del corazón son mucho más violentos... *(Asiendo de una mano á Doña Francisca la hace sentar inmediata á él).* Pero de veras, Doña Paquita, ¿se volvería 10 usted al convento de buena gana?... La verdad.

Doña Irene. Pero si ella no...

Don Diego. Déjela usted, señora, que ella responderá.

Dona Francisca. Bien sabe usted lo que acabo de decirla... No permita Dios que yo la dé que sentir. 15

Don Diego. Pero eso lo dice usted tan afligida y ...

Doña Irene. Si es natural, señor. ¿No ve usted que...

Don Diego. Calle usted por Dios, Doña Irene, y no me diga usted á mí lo que es natural... Lo que es natural es que la chica esté llena de miedo y no se atreva á decir una 20 palabra, que se oponga á lo que su madre quiere que diga... Pero si esto hubiese, por vida mia, que estábamos lucidos.

Doña Francisca. No, señor, lo que dice su merced, eso digo yo, lo mismo. Porque en todo lo que me mande la obedeceré. 25

Don Diego. ¡Mandar, hija mia!... En estas materias tan delicadas, los padres que tienen juicio no mandan. Insinúan, proponen, aconsejan; eso sí, todo eso sí; ¡pero mandar!... Y ¿quién ha de evitar después las resultas funestas de lo que mandaron?... Pues ¿cuántas veces vemos matrimonios 30 infelices, uniones monstruosas, verificadas solamente porque un padre tonto se metió á mandar lo que no debiera?... ¿Cuántas veces una desdichada mujer halla anticipada la muerte en el encierro de un claustro porque su madre ó su tío se empeñaron en regalar á Dios lo que Dios no queria?... ¡Eh! 35 No, señor, eso no va bien... Mire usted, Doña Paquita, yo no soy de aquellos hombres que se disimulan los defectos. Yo sé que ni mi figura, ni mi edad son para enamorar perdidamente á nadie; pero tampoco he creído imposible que una muchacha de juicio y bien criada, llegase á quererme con 40 aquel amor tranquilo y constante que tanto se parece á la

amistad, y es el único que puede hacer los matrimonios felices.
Para conseguirlo, no he ido á buscar ninguna hija de familia
de estas que viven en una decente libertad... Decente: que
yo no culpo lo que no se opone al ejercicio de la virtud.
5 ¿Pero cuál sería entre todas ellas la que no estuviese ya
prevenida en favor de otro amante más apetecible que yo?
Y en Madrid, figúrese usted en un Madrid... Lleno de estas
ideas, me pareció que tal vez hallaría en usted todo cuanto
yo deseaba.

10   *Doña Irene.* Y puede usted creer, señor Don Diego, que...

Don Diego. Voy á acabar, señora, déjeme usted acabar.
Yo me hago cargo, querida Paquita, de lo que habrán in-
fluido en una niña tan bien inclinada como usted las santas
costumbres que ha visto practicar en aquel inocente asilo de
15 la devoción y la virtud; pero si á pesar de todo esto la
imaginación acalorada, las circunstancias imprevistas la hu-
biesen hecho elegir sujeto más digno, sepa usted que yo no
quiero nada con violencia. Yo soy ingenuo: mi corazón y
mi lengua no se contradicen jamás. Esto mismo la pido á
20 usted, Paquita, sinceridad. El cariño que á usted la tengo
no la debe hacer infeliz... Su madre de usted no es capaz
de querer una injusticia, y sabe muy bien que á nadie se le
hace dichoso por fuerza. Si usted no halla en mí prendas
que la inclinen, si siente algún otro cuidadillo en su corazón,
25 créame usted, la menor disimulación en esto nos daría á todos
muchísimo que sentir.

Doña Irene. ¿Puedo hablar ya, señor?

Don Diego. Ella, ella debe hablar, y sin apuntador, y
sin intérprete.

30   *Doña Irene.* Cuando yo se lo mande.

Don Diego. Pues ya puede usted mandárselo, porque á
ella la toca responder... Con ella he de casarme, con usted no.

Doña Irene. Yo creo, señor Don Diego, que ni con ella,
ni conmigo. ¿En qué concepto nos tiene usted?... Bien dice
35 su padrino, y bien claro me lo escribió pocos días há, cuando
le di parte de este casamiento. Que aunque no la ha vuelto
á ver desde que la tuvo en la pila, la quiere muchísimo; y

---

3. *libertad*, Unabhängigkeit. — 12. *me hago cargo*, ich ziehe
wohl in Betracht. — 13. *bien inclinada*, mit tugendhaften Neigungen. —
28. *apuntador*, Einbläser, Einhelfer. — 34. *concepto*, Achtung, guter
Ruf. — 37. *pila*, Taufstein.

á cuantos pasan por el Burgo de Osma les pregunta cómo
está, y continuamente nos envia memorias con el ordinario.

Don Diego. Y bien, señora, ¿qué escribió el padrino?...
O por mejor decir, ¿qué tiene que ver nada de eso con lo
que estamos hablando? 5

Doña Irene. Si, señor, que tiene que ver, sí señor. Y
aunque yo lo diga, le aseguro á usted que ni un padre de
Atocha hubiera puesto una carta mejor que la que él me
envió sobre el matrimonio de la niña... Y no es ningún
catedrático, ni bachiller, ni nada de eso; sino un cualquiera, 10
como quien dice, un hombre de capa y espada con un em-
pleillo infeliz en el ramo del viento, que apénas le da para
comer... Pero es muy ladino, y sabe de todo, y tiene una
labia, y escribe que da gusto... Casi toda la carta venía
en latín, y muy buenos consejos que me daba en ella. Que 15
no es posible sino que adivinase lo que nos está sucediendo.

Don Diego. Pero, señora, si no sucede nada, ni hay
cosa que á usted la deba disgustar.

Doña Irene. ¿Pues no quiere usted que me disguste
oyéndole hablar de mi hija en unos términos que... ¡Ella 20
otros amores ni otros cuidados!... Pues si tal hubiera...
¡Válgame Dios!... La mataba á golpes, mire usted...
Respóndele, una vez que quiere que hables y que yo no chiste.
Cuéntale los novios que dejaste en Madrid cuando tenias doce
años, y los que has adquirido en el convento al lado de aquella 25
santa mujer. Diselo para que se tranquilice y...

Don Diego. Yo, señora, estoy más tranquilo que usted.

Doña Irene. Respóndele.

Doña Francisca. Yo no sé qué decir. Si ustedes se
enfadan. 30

Don Diego. No, hija mía; esto es dar alguna expresión
á lo que se dice; pero enfadarnos, no por cierto. Doña Irene
sabe lo que yo la estimo.

---

1. *Burgo de Osma*, alte Stadt am Ucero in der Provinz Soria. —
2. *ordinario*. gewöhnliche (reitende) Post. — 8. *Atocha*, Kirche in
Madrid; sie steht an der Stelle der berühmten Ermita de Atocha,
zu der die Christen schon zu arabischer Zeit wallfahrteten. —
11. *hombre de capa y espada*, ein ungelehrter Mann. — 11/12. *un em-
pleillo en el ramo del viento*, ein Ämtchen in der Branche des Windes,
wohl so viel als: irgend wo. — 14. *labia*, Beredsamkeit. — 17. *si no
sucede nada*, wenn doch nichts passiert. — 23. *que yo no chiste*, daß
ich den Mund nicht aufmache. — 31. *expresión*, Ausdruck, Nachdruck.

Doña Irene. Sí, señor que lo sé, y estoy sumamente agradecida á · los favores que usted nos hace... Por eso mismo ...

Don Diego. No se hable de agradecimiento: cuanto yo
5 puedo hacer, todo es poco... Quiero que Doña Paquita esté contenta.

Doña Irene. ¿Pues no ha de estarlo? Responde.

Doña Francisca. Sí, señor que lo estoy.

Don Diego. Y que la mudanza de estado que se la
10 previene, no la cueste el menor sentimiento.

Doña Irene. No, señor, todo al contrario... Boda más á gusto de todos no se pudiera imaginar.

Don Diego. En esa inteligencia, puedo asegurarla que no tendrá motivos de arrepentirse después. En nuestra com-
15 pañía vivirá querida y adorada; y espero que á fuerza de beneficios he de merecer su estimación y su amistad.

Doña Francisca. Gracias, señor Don Diego... ¡A una huérfana, pobre, desvalida como yo!...

Don Diego. Pero de prendas tan estimables, que la
20 hacen á usted digna todavía de mayor fortuna.

Doña Irene. Ven aquí, ven... Ven aquí, Paquita.

Doña Francisca. ¡Mamá!

(Levántase Doa Francisca, abraza á su madre y se acarician mutuamente.)
25 *Doña Irene.* ¿Ves lo que te quiero?

Doña Francisca. Sí, señora.

Doña Irene. ¿Y cuánto procuro tu bien, que no tengo otro pío sino el de verte colocada ántes que yo falte?

Doña Francisca. Bien lo conozco.
30 *Doña Irene.* ¡Hija de mi vida!... ¿Has de ser buena?

Doña Francisca. Sí, señora.

Doña Irene. ¡Ay, que no sabes tú lo que te quiere tu madre!

Doña Francisca. ¿Pues que no la quiero yo á usted?

Don Diego. Vamos, vamos de aquí. *(Levántase Don Diego*
35 *y despues Doña Irene.)* No venga alguno y nos halle á los tres llorando como tres chiquillos.

Doña Irene. Sí, dice usted bien.

(Vanse los dos al cuarto de Doña Irene. Doña Francisca va detrás, y Rita que sale por la puerta del foro la hace detener.)

9/10. *se la previene,* er bereitet sich für sie vor. — 28. *pío* (familiärer Ausdruck), sehnliches Verlangen.

ESCENA VI.

Rita, Doña Francisca.

Rita. Señorita... ¡Eh! chit... señorita.
Doña Francisca. ¿Qué quieres?
Rita. Ya ha venido.
Doña Francisca. ¿Cómo?
Rita. Ahora mismo acaba de llegar. Le he dado un 5
abrazo, con lisencia de usted, y ya sube por la escalera.
Doña Francisca. ¡Ay Dios!... ¿Y qué debo hacer?
Rita. ¡Donosa pregunta!... Vaya, lo que importa es
no gastar el tiempo en melindres de amor... Al asunto...
y juicio. Y mire usted que en el paraje en que estamos la 10
conversación no puede ser muy larga... Ahí está.
Doña Francisca. Sí... Él es.
Rita. Voy á cuidar de aquella gente... Valor, señorita,
y resolución.
(*Rita se va al cuarto de Doña Irene.*)
Doña Francisca. No, no, que yo también... Pero no 15
lo merece.

ESCENA VII.

Don Cárlos (Sale por la puerta del foro), Doña Francisca.

Don Cárlos. Paquita... ¡Vida mía! Ya estoy aquí...
¿Cómo va, hermosa, cómo va?
Doña Francisca. Bien venido.
Don Cárlos. ¿Cómo tan triste?... ¿No merece mi llegada 20
más alegría?
Doña Francisca. Es verdad, pero acaban de sucederme
cosas que me tienen fuera de mí... Sabe usted... Sí, bien
lo sabe usted... Después de escrita aquella carta, fueron por
mí... Mañana á Madrid... Ahí está mi madre. 25
Don Cárlos. ¿En dónde?
Doña Francisca. Ahí, en ese cuarto. (*Señalando al cuarto de Doña Irene.*)
Don Cárlos. ¿Sola?
Dona Francisca. No, señor. 30
Don Cárlos. Estará en compañia del prometido esposo.
(*Se acerca al cuarto de Doña Irene, se detiene y vuelve.*) Mejor...
¿Pero no hay nadie más con ella?

32

Doña Francisca. Nadie más, solos están... ¿Qué piensa usted hacer?

Don Cárlos. Si me dejase llevar de mi pasión y de lo que esos ojos me inspiran, una temeridad... Pero tiempo
5 hay... El también será hombre de honor, y no es justo insultarle porque quiere bien á una mujer tan digna de ser querida... Yo no conozco á su madre de usted, ni... Vamos, ahora nada se puede hacer... Su decoro de usted merece la primera atención.

10 *Doña Francisca.* Es mucho el empeño que tiene en que me case con él.

Don Cárlos. No importa.

Doña Francisca. Quiere que esta boda se celébre así que lleguemos á Madrid.

15 *Don Cárlos.* ¿Cuál?... No. Eso no.

Doña Francisca. Los dos están de acuerdo, y dicen...

Don Cárlos. Bien... Dirán... Pero no puede ser.

Doña Francisca. Mi madre no me habla continuamente de otra materia... Me amenaza, me ha llenado de temor...
20 Él insta por su parte, me ofrece tantas cosas, me...

Don Cárlos. ¿Y usted qué esperanza le da?... ¿Ha prometido quererle mucho?

Doña Francisca. ¡Ingrato!... ¿Pues no sabe usted que... ¡Ingrato!...

25 *Don Cárlos.* Sí, no lo ignoro, Paquita... Yo he sido el primer amor.

Doña Francisca. Y el último.

Don Cárlos. Y ántes perderé la vida, que renunciar al lugar que tengo en ese corazón... Todo él es mío...
30 ¿Digo bien? *(Asiéndola de las manos.)*

Doña Francisca. ¿Pues de quién ha de ser?

Don Cárlos. ¡Hermosa! ¡Qué dulce esperanza me anima!... Una sola palabra de esa boca me asegura... Para todo me da valor... En fin, ya estoy aquí. ¿Usted me llama para
35 que la defienda, la libre, la cumpla una obligación mil y mil veces prometida? Pues á eso mismo vengo yo... Si ustedes se van á Madrid mañana, yo voy también. Su madre de usted sabrá quién soy... Allí puedo contar con el favor de un anciano respetable y virtuoso, á quien más que tío,

---

10. *empeño*, Beharrlichkeit, Verlangen.

debo llamar amigo y padre. No tiene otro deudo más inmediato, ni mas querido que yo: es hombre muy rico, y si los dones de la fortuna tuviesen para usted algún atractivo, esta circunstancia añadiria felicidades á nuestra unión.

Doña Francisca. ¿Y qué vale para mí toda la riqueza 5 del mundo?

Don Cárlos. Ya lo sé. La ambición no puede agitar á un alma tan inocente.

Doña Francisca. Querer y ser querida... Ni apetezco más, ni conozco mayor fortuna. 10

Don Cárlos. Ni hay otra... Pero usted debe serenarse, y esperar que la suerte mude nuestra aflicción presente en durables dichas.

Doña Francisca. ¿Y qué se ha de hacer para que á mi pobre madre no la cueste una pesadumbre?... ¡Me quiere 15 tanto!... Si, acabo de decirla que no la disgustaré, ni me apartaré de su lado jamás: que siempre seré obediente y buena... ¡Y me abrazaba con tanta ternura! Quedó tan consolada con lo poco que acerté á decirla... Yo no sé, no sé qué camino ha de hallar usted para salir de estos 20 ahogos.

Don Cárlos. Yo le buscaré... ¿No tiene usted confianza en mí?

Doña Francisca. ¿Pues no he de tenerla? ¿Piensa usted que estuviera yo viva, si esa esperanza no me animase? 25 Sola y desconocida de todo el mundo, ¿qué habia yo de hacer? Si usted no hubiese venido, mis melancolias me hubieran muerto, sin tener á quien volver los ojos, ni poder comunicar á nadie la causa de ellas... Pero usted ha sabido proceder como caballero y amante, y acaba de darme con 30 su venida la prueba mayor de lo mucho que me quiere.

(Se enternece y llora.)

Don Cárlos. ¡Qué llanto!... ¿Come me persuade?... Si, Paquita, yo solo basto para defender á usted de cuantos quieran oprimirla. A un amante favorecido, ¿quién puede oponérsele? Nada hay que temer. 35

Doña Francisca. ¿Es posible?

Don Cárlos. Nada... Amor ha unido nuestras almas en estrechos nudos, y solo el brazo de la muerte bastará á dividirlas.

ESCENA VIII.

Rita, Don Cárlos, Doña Francisca.

Rita. Señorita, adentro. La mamá pregunta por usted.
Voy á traer la cena, y se van á recoger al instante... Y
usted, señor galán, ya puede también disponer de su persona.
Don Cárlos. Sí, que no conviene anticipar sospechas...
5 Nada tengo que añadir.
Doña Francisca. Ni yo.
Don Cárlos. Hasta mañana. Con la luz del día veremos
á este dichoso competidor.
Rita. Un caballero muy honrado, muy rico, muy pru-
10 dente: con su chupa larga, su camisola limpia y sus sesenta
años debajo del peluquín. *(Se va por la puerta del foro.)*
Doña Francisca. Hasta mañana.
Don Cárlos. A Dios, Paquita.
Doña Francisca. Acuéstese usted, y descanse.
15 *Don Cárlos.* ¿Descansar con zelos?
Doña Francisca. ¿De quién?
Don Cárlos. Buenas noches... Duerma usted bien,
Paquita.
Doña Francisca. ¿Dormir con amor?
20 *Don Cárlos.* A Dios, vida mia.
Doña Francisca. A Dios *(Entrase al cuarto de Doña Irene.)*

ESCENA IX.

Don Cárlos, Calamocha, Rita.

Don Cárlos. ¡Quitármela! *(Paseándose con inquietud.)* No...
Sea quien fuere, no me la quitará. Ni su madre ha de ser
tan imprudente que se obstine en verificar este matrimonio
25 repugnándolo su hija... mediando yo... ¡Sesenta años!...
Precisamente será muy rico... ¡El dinero!... Maldito él
sea, que tantos desórdenes origina.
Calamocha. *(Sale Calamocha por la puerta del foro.)* Pues
señor, tenemos un medio cabrito asado, y... A lo menos
30 parece cabrito. Tenemos una magnífica ensalada de berros,
sin anapelos ni otra materia extraña, bien lavada, escurrida

---

25. *mediando yo*, wenn ich mich ins Mittel schlage. — 31. *anapelos*,
Sturmhut, Eisenhütlein (Giftpflanze).

y condimentada por estas manos pecadoras, que no hay más que pedir. Con que si hemos de cenar y dormir, me parece que sería bueno...

Don Cárlos. Vamos... ¿Y adónde ha de ser?

Calamocha. Abajo... Allí he mandado disponer una angosta y fementida mesa, que parece un banco de herrador.

(Sale Rita por la puerta del foro con unos platos, taza, cucharas y servilleta.)

Rita. ¿Quién quiere sopas?

Don Cárlos. Buen provecho.

Calamocha. Si hay alguna real moza que guste de cenar cabrito, levante el dedo.

Rita. La real moza se ha comido ya media cazuela de albondiguillas... Pero lo agradece, señor militar.

(Entrase en el cuarto de Doña Irene.)

Calamocha. Agradecida te quiero yo, niña de mis ojos.

Don Cárlos. ¿Con que vamos?

Calamocha. ¡Ay! ¡ay! ¡ay! *(Calamocha se encamina á la puerta del foro y vuelve: se acerca á Don Carlos, y hablan con reserva hasta el fin de la escena, en que Calamocha se adelanta á saludar á Simón.)* ¡Eh! chit, digo...

Don Cárlos. ¿Qué?

Calamocha. ¿No vé usted lo que viene por allí?

Don Cárlos. ¿Es Simón?

Calamocha. El mismo... ¿Pero, quién diablos le...

Don Cárlos. ¿Y qué haremos?

Calamocha. ¿Qué sé yo?... Sonsacarle, mentir y... ¿Me da usted licencia para que...

Don Cárlos. Sí, miente lo que quieras... ¿A qué habrá venido este hombre?

ESCENA X.

Simón (Sale por la puerta del foro), Calamocha, Don Cárlos.

Calamocha. Simón, ¿tú por aquí?

Simón. A Dios, Calamocha. ¿Cómo va?

Calamocha. Lindamente.

Simón. Cuánto me alegro de...

Don Cárlos. ¿Hombre, tú en Alcalá? Pues ¿qué novedad es esta?

Simón. ¡Oh, que estaba usted ahí, señorito! ¡Voto á Dios!

3*

Don Cárlos. ¿Y mi tío?

Simón. Tan bueno.

Calamocha. ¿Pero se ha quedado en Madrid, ó...

Simón. ¿Quién me había de decir á mí... ¡Cosa como
5 ella! Tan ajeno estaba yo ahora de... Y usted de cada
vez más guapo... ¿Con que usted irá á ver al tío, eh?

Calamocha, Tú habrás venido con algún encargo del amo.

Simón. ¡Y qué calor traje, y que polvo por ese camino!
¡Ya, ya!

10 *Calamocha.* ¿Alguna cobranza tal vez, eh?

Don Cárlos. Puede ser. Como tiene mi tío ese poco
de hacienda en Ajalvir... ¿No has venido á eso?

Simón. ¡Y qué buena maula le ha salido el tal ad-
ministrator! Labriego más marrullero y mas bellaco no le
15 hay en toda la campiña... ¿Con que usted viene ahora de
Zaragoza?

Don Cárlos. Pues... Figúrate tú.

Simón. ¿O va usted allá?

Don Cárlos. ¿Adónde?

20 *Simón.* A Zaragoza. ¿No está allí el regimiento?

Calamocha. Pero, hombre, si salimos el verano pasado de
Madrid, ¿no habíamos de haber andado más de cuatro leguas?

Simón. ¿Qué sé yo? Algunos van por la posta y tardan
más de cuatro meses en llegar... Debe de ser un camino
25 muy malo.

Calamocha. Maldito *(Aparte, separándose de Simón)* seas tú
y tu camino, y la bribona que te dió papilla.

Don Cárlos. Pero aún no me has dicho si mi tío está
en Madrid ó en Alcalá, ni á qué has venido, ni...

30 *Simón.* Bien, á eso voy... Sí, señor, voy á decir á
usted... Con que... Pues el amo me dijo...

ESCENA XI.

Don Diego, Don Cárlos, Simón, Calamocha.

Don Diego. (Desde adentro.) No, no es menester: si hay
luz aquí. Buenas noches, Rita. *(Don Cárlos se turba y se aparta
á un extremo del teatro.)*

13/14. *qué maula le ha salido el tal administrador,* als was für
ein schlauer Hecht hat sich der Verwalter erwiesen. — 14. *marrullero
y bellaco,* liebedienerisch und verschmitzt.

Don Cárlos. ¡Mi tio!... (*Sale Don Diego del cuarto de Doña Irene encaminándose al suyo: repara en Don Cárlos y se acerca á él. Simón le alumbra y vuelve á dejar la luz sobre la mesa.*)

Don Diego. Simón.

Simón. Aquí estoy, señor. 5

Don Cárlos. ¡Todo se ha perdido!

Don Diego. Vamos... Pero... ¿Quién es?

Simón. Un amigo de usted, señor.

Don Cárlos. Yo estoy muerto.

Don Diego. ¿Cómo un amigo?... ¡Qué!... Acerca esa luz. 10

Don Cárlos. Tio. (*En ademán de besarle la mano á Don Diego, que le aparta de sí con enojo.*)

Don Diego. Quitate de ahí.

Don Cárlos. Señor.

Don Diego. Quitate... No sé como no le... ¿Qué 15 haces aquí?

Don Cárlos. Si usted se altera y...

Don Diego. ¿Qué haces aquí?

Don Cárlos. Mi desgracia me ha traído.

Don Diego. ¡Siempre dándome que sentir, siempre! 20 Pero... (*Acercándose á Don Cárlos.*) ¿Qué dices? De veras, ¿ha ocurrido alguna desgracia? Vamos... ¿Qué te sucede?... ¿Por qué estás aquí?

Calamocha. Porque le tiene á usted ley, y le quiere bien, y... 25

Don Diego. A tí no te pregunto nada... ¿Por qué has venido de Zaragoza sin que yo lo sepa? ¿Por qué... te asusta el verme?... Algo has hecho: sí, alguna locura has hecho que le habrá de costar la vida á tu pobre tío.

Don Cárlos. No, señor, que nunca olvidaré las máximas 30 de honor y prudencia que usted me ha inspirado tantas veces.

Don Diego. ¿Pues á qué veniste?... ¿Es desafío? ¿Son deudas? ¿Es algún disgusto con tus jefes?... Sácame de esta inquietud, Cárlos... Hijo mío, sácame de este afan.

Calamocha. Si todo ello no es más que... 35

Don Diego. Ya he dicho que calles. Ven acá (*Asiendo una mano á Don Cárlos, se aparta con él á un extremo del teatro, y le habla en voz baja.*) Dime qué ha sido.

Don Cárlos. Una lijereza, una falta de sumisión á usted. Venir á Madrid sin pedirle licencia primero... Bien arre- 40 pentido estoy, considerando la pesadumbre que le ha dado al verme.

Don Diego. ¿Y qué otra cosa hay?

Don Cárlos. Nada más, señor.

Don Diego. ¿Pues qué desgracia era aquella de que me hablaste?

5   *Don Cárlos.* Ninguna. La de hallarle á usted en este paraje... y haberle disgustado tanto, cuando yo esperaba sorprenderle en Madrid, estar en su compañia algunas semanas, y volverme contento de haberle visto.

Don Diego. ¿No hay más?

10   *Don Cárlos.* No, señor.

Don Diego. Míralo bien.

Don Cárlos. No, señor... A eso venía. No hay nada más.

Don Diego. Pero no me digas tú á mí... Si es im-
15 posible que estas escapadas se... No, señor... ¿Ni quién ha de permitir que un oficial se vaya cuando se le antoje, y abandone de ese modo sus banderas?... Pues si tales ejemplos se repitieran mucho, á Dios disciplina militar... Vamos... Eso no puede ser.

20   *Don Cárlos.* Considere usted, tío, que estamos en tiempo de paz: que en Zaragoza no es necesario un servicio tan exacto como en otras plazas, en que no se permite descanso á la guarnición... Y en fin, puede usted creer que este viaje supone la aprobación y licencia de mis superiores, que
25 yo tambien miro por mi estimacion, y que cuando me he venido, estoy seguro de que no hago falta.

Don Diego. Un oficial siempre hace falta á sus soldados. El rey le tiene allí para que los instruya, los proteja y les dé ejemplos de subordinacion, de valor, de virtud...

30   *Don Cárlos.* Bien está, pero ya he dicho los motivos...

Don Diego. Todos esos motivos no valen nada... ¡Porque le dió la gana de ver al tío!... Lo que quiere su tío de usted no es verle cada ocho dias, sino saber que es hombre de juicio y que cumple con sus obligaciones. Eso es
35 lo que quiere... Pero *(Alza la voz y se pasea inquieto)* yo tomaré mis medidas para que estas locuras no se repitan otra vez... Lo que usted ha de hacer ahora es marcharse inmediatamente.

Don Cárlos. Señor, sí...

---

16. *cuando se le antoje,* wenn es ihm gerade einfällt.

Don Diego. No hay remedio... Y ha de ser al instante. Usted no ha de dormir aquí.

Calamocha. Es que los caballos no están ahora para
correr... Ni pueden moverse.

Don Diego. Pues con ellos *(A Calamocha)* y con las 5
maletas al mesón de afuera... Usted *(A Don Cárlos)* no ha
de dormir aquí. Vamos *(A Calamocha)* tú, buena pieza, menéate.
Abajo con todo. Pagar el gasto que se haya hecho, sacar
los caballos, y marchar... Ayúdale tú... *(A Simón.)* ¿Qué
dinero tienes ahí?... 10

Simón. Tendré unas cuatro ó seis onzas *(Saca de un
bolsillo algunas monedas, y se las dá á Don Diego).*

Don Diego. Dámelas acá... Vamos, ¿qué haces?...
(A Calamocha.) ¿No he dicho que ha de ser al instante?...
Volando. Y tú *(A Simón)* ve con él, ayúdale, y no te me 15
apartes de allí hasta que se hayan ido.

(Los dos criados entran en el cuarto de Don Cárlos.)

ESCENA XII.

Don Diego, Don Cárlos.

Don Diego. Tome usted. *(Le dá el dinero.)* Con eso
hay bastante para el camino... Vamos, que cuando yo lo
dispongo así, bien sé lo que me hago... ¿No conoces que
es todo por tu bien, y que ha sido un desatino el que acabas 20
de hacer?... Y no hay que afligirse por eso, ni creas que
es falta de cariño... Ya sabes lo que te he querido siempre,
y en obrando tú según corresponde, seré tu amigo como lo
he sido hasta aquí.

Don Cárlos. Ya lo sé. 25

Don Diego. Pues bien: ahora obedece lo que te mando.

Don Cárlos. Lo haré sin falta.

Don Diego. Al mesón de afuera. *(A los dos criados que
salen con los trastos del cuarto de Don Cárlos, y se van por la puerta del
foro.)* Allí puedes dormir mientras los caballos comen y des- 30
cansan... Y no me vuelvas aquí por ningún pretexto, ni

---

6. *al mesón de afuera*, ins Wirtshaus von „draußen“, d. h.
marsch fort aus dem Wirtshaus.

entres en la ciudad... cuidado. Y á eso de las tres ó las cuatro marchar. Mira que he de saber á la hora que sales. ¿Lo entiendes?

    Don Cárlos. Sí, señor.

5   *Don Diego.* Mira que lo has de hacer.

    Don Cárlos. Sí, señor, haré lo que usted manda.

    Don Diego. Muy bien... A Dios... Todo te lo perdono... Vete con Dios... Y yo sabré también cuando llegas á Zaragoza, no te parezca que estoy ignorante de lo 10 que hiciste la vez pasada.

    Don Cárlos. ¿Pues qué hice yo?

    Don Diego. Si te digo que lo sé, y que te lo perdono, ¿qué mas quieres? No es tiempo ahora de tratar de eso. Vete.

    Don Cárlos. Quede usted con Dios. *(Hace que se vá y vuelve.)*

15   *Don Diego.* ¿Sin besar la mano á su tío, eh?

    Don Cárlos. No me atreví. *(Besa la mano á Don Diego y se abrazan.)*

    Don Diego. Y dame un abrazo por si no nos volvemos á ver.

    Don Cárlos. ¿Qué dice usted? No lo permita Dios.

20   *Don Diego.* ¡Quién sabe, hijo mío! ¿tienes algunas deudas? ¿Te falta algo?

    Don Cárlos. No, señor, ahora no.

    Don Diego. Mucho es, porque tú siempre tiras por largo... Como cuentas con la bolsa del tío... Pues bien, 25 yo escribiré al señor Aznar para que te dé cien doblones de órden mía. Y mira cómo lo gastas... ¿Juegas?

    Don Cárlos. No, señor, en mi vida.

    Don Diego. Cuidado con eso... Conque buen viaje. Y no te acalores: jornadas regulares y nada más... ¿Vas 30 contento?

    Don Cárlos. No, señor, porque usted me quiere mucho, me llena de beneficios, y yo le pago mal.

    Don Diego. No se hable ya de lo pasado... Adios...

    Don Cárlos. ¿Queda usted enojado conmigo?

35   *Don Diego.* No, no por cierto... Me disgusté bastante, pero ya se acabó... No me des que sentir. *(Poniéndole ambas manos sobre los hombros.)* Portarse como hombre de bien.

---

2. *á la hora que sales* = la hora á la cual sales. — 9. *no te parezca*, glaube nur nicht. — 23. *mucho es*, das will viel sagen, das ist sehr wunderbar. — 23/24. *tiras por largo*, du spielst den Freigebigen.

Don Cárlos. No lo dude usted.

Don Diego. Como oficial de honor.

Don Cárlos. Asi lo prometo.

Don Diego. A Dios, Cárlos. *(Abrazándose.)*

Don Cárlos. ¡Y la dejo!... *(Aparte al irse por la puerta* 5
del foro.) ¡Y la pierdo para siempre!

ESCENA XIII.

Don Diego. Demasiado bien se ha compuesto... Luego
lo sabrá, enhorabuena... Pero no es lo mismo escribírselo,
que... Despues de hecho, no importa nada... ¡Pero siempre
aquel respeto al tío!... Como una malva es. 10
*(Se enjuga las lágrimas, toma la luz y se va á su cuarto. El
teatro queda solo y oscuro por un breve espacio.)*

ESCENA XIV.

Doña Francisca, Rita.

*(Salen del cuarto de Doña Irene. Rita sacará una luz y la pone encima
de la mesa.)*

Rita. Mucho silencio hay por aquí.

Doña Francisca. Se habrán recogido ya... Estarán
rendidos.

Rita. Precisamente.

Doña Francisca. ¡Un camino tan largo! 15

Rita. ¡A lo que obliga el amor, señorita!

Doña Francisca. Sí, bien puedes decirlo, amor... ¿Y
yo qué no hiciera por él?

Rita. Y deje usted, que no ha de ser éste el último
milagro. Cuando lleguemos á Madrid, entónces será ella... 20
¡El pobre Don Diego qué chasco se va á llevar! Y por
otra parte, vea usted qué señor tan bueno, que cierto da
lástima...

Doña Francisca. Pues en eso consiste todo. Si él fuese
un hombre despreciable, ni mi madre hubiera admitido su 25

---

7. *bien se ha compuesto*, die Sache hat sich gut gemacht. —
8. *lo sabrá*, d. h. seine Verheiratung. — 10. *malva*, Malwe; wir
sagen: Wachs. — erschöpft, ermüdet. — 21. *qué chasco se va á llevar*,
welchen (ihm gespielten) Streich wird er davontragen, d. h. wie
wird er angeführt werden.

pretensión, ni yo tendría que disimular mi repugnancia ...
Pero ya es otro tiempo, Rita. Don Felix ha venido, y ya
no temo á nadie. Estando mi fortuna en su mano, me con-
5 sidero la más dichosa de las mujeres.

    Rita. ¡Ay! ahora que me acuerdo... Pues poquito me
lo encargó... Ya se ve, si con estos amores tengo yo también la cabeza... Voy por él.
                     (Encaminándose al cuarto de Doña Irene.)
10   *Doña Francisca.* ¿A qué vas?
    Rita. El tordo, que ya se me olvidaba sacarle de allí.
    Doña Francisca. Sí, tráele, no empiece á rezar como
anoche .. Allí quedó junto á la ventana... Y ve con
cuidado no despierte mamá.
15   *Rita.* Sí, mire usted el estrépito de caballerías que
anda por allá abajo... Hasta que lleguemos á nuestra calle
del Lobo, número siete, cuarto segundo, no hay que pensar
en dormir... Y ese maldito portón que rechina, que...
    Doña Francisca. Te puedes llevar la luz.
20   *Rita.* No es menester, que ya sé donde está.
                    (Vase al cuarto de Doña Irene.)

ESCENA XV.
Simón (Sale por la puerta del foro), Doña Francisca.

    Doña Francisca. Yo pensé que estaban ustedes acostados.
    Simón. El amo ya habrá hecho esa diligencia, pero yo
todavía no sé en donde he de tender el rancho... Y buen
sueño que tengo.
25   *Doña Francisca.* ¿Qué gente nueva ha llegado ahora?
    Simón. Nadie. Son unos que estaban ahí, y se han ido.
    Doña Francisca. ¿Los arrieros?
    Simón. No, señora. Un oficial y un criado suyo, que
parece que se van á Zaragoza.
30   *Doña Francisca.* ¿Quiénes dice usted que son?
    Simón. Un teniente coronel y su asistente.
    Doña Francisca. ¿Y estaban aquí?
    Simón. Sí, señora, ahí en ese cuarto.
    Doña Francisca. No los he visto.
35   *Simón.* Parece que llegaron esta tarde y... A la cuenta
habrán despachado ya la comision que traían. Con que se
han ido... Buenas noches, señorita. *(Vase al cuarto de Don Diego.)*

ESCENA XVI.

Rita, Doña Francisca.

Doña Francisca. ¡Dios mio de mi alma! ¿Qué es esto?...
No puedo sostenerme... ¡Desdichada!
(Siéntase en una silla inmediata á la mesa.)

Rita. Señorita, yo vengo muerta. *(Saca la jaula del tordo
y la deja encima de la mesa, abre la puerta del cuarto de Don Cárlos y
vuelve.)* 5

Doña Francisca. ¡Ay que es cierto!... ¿Tú lo sabes
también?

Rita. Deje usted, que todavia no creo lo que he visto...
Aquí no hay nadie... Ni maletas, ni ropa, ni... ¿Pero
cómo podía engañarme? Si yo misma los he visto salir. 10

Doña Francisca. ¿Y eran ellos?

Rita. Si, señora. Los dos.

Doña Francisca. ¿Pero se han ido fuera de la ciudad?

Rita. Si no los he perdido de vista hasta que salieron
por la puerta de Mártires... Como está un paso de aqui. 15

Doña Francisca. ¿Y es ese el camino de Aragón?

Rita. Ese es.

Doña Francisca. ¡Indigno!... ¡Hombre indigno!

Rita. Señorita.

Doña Francisca. ¿En qué te ha ofendido esta infeliz? 20

Rita. Yo estoy temblando toda... Pero... si es in-
comprensible... Si no alcanzo á discurrir qué motivos ha
podido haber para esta novedad.

Doña Francisca. ¿Pues no le quise más que á mi vida?
¿No me ha visto loca de amor? 25

Rita. No sé qué decir al considerar una acción tan infame.

Doña Francisca. ¿Qué has de decir? Que no me ha
querido nunca ni es hombre de bien... ¿Y vino para esto?
¿Para engañarme, para abandonarme asi?
(Levántanse, y Rita la sostiene.)

Rita. Pensar que su venida fué con otro designio, no 30
me parece natural... Celos... ¿Porqué ha de tener celos?...
Y aún eso mismo debiera enamorarle más... El no es co-
barde, y no hay que decir que habrá tenido miedo de su
competidor.

Doña Francisca. Te cansas en vano... Di que es un 35
pérfido, dí que es un mónstruo de crueldad, y todo lo has dicho.

Rita. Vamos de aquí que puede venir alguién y...

Doña Francisca. Sí, vámonos... Vamos á llorar...
¡Y en qué situación me deja! Pero ¿vés qué malvado?

Rita. Sí, señora, ya lo conozco.

5 *Doña Francisca.* ¡Qué bien supo fingir!... ¿Y con
quién? Conmigo... ¿Pues yo merecí ser engañada tan
alevosamente?... ¿Mereció mi cariño este galardón?...
¡Dios de mi vida! ¿Cuál es mi delito, cuál es?

(*Rita coge la luz, y se van entrambas al cuarto de Doña Francisca.*)

ACTO TERCERO.

ESCENA I.

(*Teatro oscuro. Sobre la mesa habrá un candelero con vela apagada y la
jaula del tordo. Simón duerme tendido en el banco. Sale Don Diego de
su cuarto acabándose de poner la bata.*)

Don Diego, Simón.

Don Diego. Aquí, á lo ménos, ya que no duerma no
10 me derretiré... Vaya, si alcoba como ella, no sé... ¡Cómo
ronca éste! Guardémosle el sueño hasta que venga el día,
que ya poco puede tardar... (*Simón despierta, y al oir á Don
Diego se incorpora y se levanta.*) ¿Qué es eso? Mira no te caigas,
hombre.

15 *Simón.* ¿Qué estaba usted ahí, señor?

Don Diego. Sí, aquí me he salido, porque allí no se
puede parar.

Simón. Pues yo, á Dios gracias, aunque la cama es
algo dura, he dormido como un emperador.

20 *Don Diego.* Mala comparación. Di que has dormido
como un pobre hombre, que no tiene ni dinero, ni ambición,
ni pesadumbres, ni remordimientos.

Simón. En efecto, dice usted bien... ¿Y qué hora
será ya?

25 *Don Diego.* Poco há que sonó el reloj de San Justo,
y si no conté mal dió las tres.

Simón. ¡Oh! pues ya nuestros caballeros irán por ese
camino adelante echando chispas.

---

10. *no me derretiré,* ich werde nicht schmelzen.

Don Diego. Sí, ya es regular que hayan salido...
Me lo prometió, y espero que lo hará.

Simón. ¡Pero si usted viera qué apesadumbrado le dejé,
qué triste!

Don Diego. Ha sido preciso.   5

Simón. Ya lo conozco.

Don Diego. ¿No ves qué venida tan intempestiva?

Simón. Es verdad... Sin permiso de usted, sin avisarle, sin haber un motivo urgente... Vamos, hizo muy
mal... Bien que por otra parte, él tiene prendas suficientes 10
para que se le perdone esta lijereza... Digo... Me parece
que el castigo no pasará adelante, ¿eh?

Don Diego. ¡No, qué! No, señor. Una cosa es que
le haya hecho volver... Ya ves en qué circunstancias nos
cogía... Te aseguro que cuando se fué se me quedó un ansia 15
en el corazón... *(Suenan á lo léjos tres palmadas, y poco después se
oye que puntean un instrumento.)* ¿Qué ha sonado?

Simón. No sé... Gente que pasa por la calle. Serán
labradores.

Don Diego. Cálla.   20

Simón. Vaya, música tenemos según parece.

Don Diego. Sí, como la hagan bien.

Simón. ¿Y quién será el amante infeliz que se viene
á puntear á estas horas en ese callejón tan puerco?...
Apostaré que son amores con la moza de la posada, que 25
parece un mico.

Don Diego. Puede ser.

Simón. Ya empiezan, oigamos... *(Tocan una sonata desde
adentro).* Pues dígole á usted que toca muy lindamente el
pícaro del barberillo.   30

Don Diego. No, no hay barbero que sepa hacer esto,
por muy bien que afeite.

Simón. ¿Quiere usted que nos asomemos un poco, á ver...

Don Diego. No, dejarlos... ¡Pobre gente! ¡Quién
sabe la importancia que darán ellos á la tal música!... No 35
gusto yo de incomodar á nadie.

*(Sale de su cuarto Doña Francisca y Rita con ella. Las dos se
encaminan á la ventana. Don Diego y Simón se retiran á un lado y observan.)*

Simón. Señor... ¡Eh!... Presto, aquí á un ladito.

---

1. *es regular*, es ist in der Ordnung. — 22. *como*, wenn nur. —
26. *mico*, Zieraffe.

Don Diego. ¿Qué quieres?

Simón. Que han abierto la puerta de esa alcoba, y huele á faldas que trasciende.

Don Diego. ¿Sí?... Retirémonos.

ESCENA II.

Doña Francisca, Rita, Don Diego, Simón.

5   *Rita.* Con tiento, señorita.

Doña Francisca. ¿Siguiendo la pared, no voy bien?

(Vuelven á probar el instrumento.)

Rita. Sí, señora... Pero vuelven á tocar... Silencio.

Doña Francisca. No te muevas... Deja... Sepámos primero si es él.

10   *Rita.* ¿Pues no ha de ser?... La seña no puede mentir.

Doña Francisca. Calla... *(Repiten desde adentro la sonata anterior.)* Sí, él es... ¡Dios mío!... *(Acércase Rita á la ventana, abre la vidriera, y da tres palmadas. Cesa la música).* Ve, responde... Albricias, corazón. Él es.

15   *Simón.* ¿Ha oído usted?

Don Diego. Sí.

Simón. ¿Qué querrá decir esto?

Don Diego. Calla.

Doña Francisca. (Doña Francisca se asoma á la ventana, Rita
20 *se queda detrás de ella. Los puntos suspensivos indican las interrupciones más ó menos largas que deben hacerse.)*

Yo soy... ¿Y qué habia de pensar viendo lo que usted acaba de hacer?... ¿Qué fuga es esta?... Rita *(Apartándose de la ventana vuelve después)* amiga, por Dios, ten cuidado y si
25 oyeres algún rumor, al instante avísame... ¿Para siempre? ¡Triste de mí!... Bien está, tírela usted... Pero yo no acabo de entender... ¡Ay! Don Felix, nunca le he visto á usted tan tímido... *(Tiran desde adentro una carta que cae por la ventana al teatro. Doña Francisca hace ademán de buscarla, y no hallándola,*
30 *vuelve á asomarse.)* No, no la he cogido, pero aquí está sin duda... ¿Y no he de saber yo hasta que llegue el dia los motivos que tiene usted para dejarme muriendo?... Sí, yo quiero saberlo de su boca de usted. Su Paquita de usted se lo manda... ¿Y cómo le parece á usted que estará el
35 mío?... No me cabe en el pecho... Diga usted.

(Simón se adelanta un poco, tropieza en la jaula y la deja caer.)

---

35. *no me cabe en el pecho,* mein Herz weiß es nicht zu fassen.

Bita. Señorita, vamos de aquí... Presto, que hay gente.

Doña Francisca. ¡Infeliz de mí!... Guíame.

Rita. Vamos... *(Al retirarse tropieza Rita con Simón. Las los se van apresuradamente al cuarto de Doña Francisca.)* ¡Ay!

Doña Francisca. ¡Muerta voy! 5

ESCENA III.

Don Diego, Simón.

Don Diego. ¿Qué grito fué ese?

Simón. Una de las fantasmas, que al retirarse tropezó onmigo.

Don Diego. Acércate á esa ventana, y mira si hallas :n el suelo un papel... Buenos estamos! 10

Simón. No encuentro nada, señor.

(Tentando por el suelo cerca de la ventana.)

Don Diego. Búscale bien, que por ahí ha de estar.

Simón. ¿Le tiraron desde la calle?

Don Diego. Sí... ¿Qué amante es este?... ¡Y diez ' seis años, y criada en un convento! Acabó ya toda mi 15 lusión.

Simón. Aquí está.

(Halla la carta y se la dá á Don Diego.)

Don Diego. Vete abajo y enciende una luz... En la caballeriza ó en la cocina... Por ahí habrá algún farol... Y vuelve con ella al instante. 20

(Váse Simón por la parte del foro.)

ESCENA IV.

Don Diego. Y ¿á quién debo culpar? *(Apoyándose en el respaldo de una silla.)* ¿Es ella la delincuente, ó su madre, ó sus tias, ó yo?... ¿Sobre quién, sobre quién ha de caer esta cólera, que por más que lo procuro, no la sé reprimir?... ¡La naturaleza la hizo tan amable á mis ojos!... ¡Qué 25 esperanzas tan alagüeñas concebí! ¡Qué felicidades me prometía!... ¡Celos!... ¿Yo?... ¡En qué edad tengo celos!... Vergüenza es... ¿Pero esta inquietud que yo siento, esta indignación, estos deseos de venganza, ¿de qué provienen?

---

24. *por más que lo procuro*, so sehr ich mir auch Mühe gebe.

48

¿Cómo he de llamarlos? Otra vez parece que... *(Advirtiendo que suena ruído en la puerta del cuarto de Doña Francisca, se retira á un extremo del teatro.)* Sí.

ESCENA V.

Rita, Don Diego, Simón.

Rita. Ya se han ido... *(Rita observa y escucha, asómase*
5 *después á la ventana y busca la carta por el suelo.)* ¡Válgame Dios!...
El papel estará muy bien escrito; pero el señor Don Félix
es un grandísimo picarón... ¡Pobrecita de mi alma!... Se
muere sin remedio... Nada, ni perros parecen por la calle...
¡Ojalá no los hubiéramos conocido! ¿Y este maldito papel?...
10 Pues buena la hiciéramos si no pareciese... ¿Qué dirá?...
Mentiras, mentiras, y todo mentira.
Simón. Ya tenemos luz. *(Sale con luz. Rita se sorprende.)*
Rita. ¡Perdida soy!
Don Diego. ¡Rita! ¿Pues tú aquí? *(Acercándose.)*
15 *Rita.* Sí, señor, porque...
Don Diego. ¿Qué buscas á estas horas?
Rita. Buscaba... Yo le diré á usted... Porque oímos
un ruído tan grande...
Simón. ¿Sí, eh?
20 *Rita.* Cierto... Un ruído y... Y mire usted... *(Alza
la jaula que está en el suelo)* era la jaula del tordo... Pues la
jaula era, no tiene duda... ¡Válgate Dios! ¿Si se habrá
muerto?... No, vivo está, vaya... Algún gato habrá sido.
Preciso.
25 *Simón.* Sí, algún gato.
Rita. ¡Pobre animal! Y qué asustadillo se conoce que
está todavía.
Simón. Y con mucha razón... ¿No te parece si le
hubiera pillado el gato?...
30 *Rita.* Se le hubiera comido. *(Cuelga la jaula de un clavo
que hábrá en la pared.)*
Simón. Y sin pebre... Ni plumas hubiera dejado.
Don Diego. Tráeme esa luz.
Rita. ¡Ah! Deje usted, encenderemos esta *(Enciende la
35 vela que está sobre la mesa)* que ya lo que no se ha dormido...
Don Diego. ¿Y Doña Paquita duerme?
Rita. Sí, señor.

Simón. Pues mucho es que con el ruido del tordo...
Don Diego. Vamos. *(Don Diego se entra en su cuarto. Simón va con él llevándose una de las luces.)*

ESCENA VI.

Doña Francisca, Rita.

Doña Francisca. ¿Ha parecido el papel?
Rita. No, señora.   5
Doña Francisca. ¿Y estaban aquí, los dos cuando saliste?
Rita. Yo no lo sé. Lo cierto es que el criado sacó una luz, y me hallé de repente como por máquina, entre él y su amo, sin poder escapar, ni saber qué disculpa darles. *(Rita coge la luz y vuelve á buscar la carta cerca de la ventana.)*   10
Doña Francisca. Ellos eran sin duda... Aquí estarían cuando yo hablé desde la ventana... ¿Y ese papel?
Rita. Yo no lo encuentro, señorita.
Doña Francisca. Le tendrán ellos, no te canses... Si es lo único que faltaba á mi desdicha... No le busques. 15 Ellos le tienen.
Rita. A lo menos por aquí...
Doña Francisca. ¡Yo estoy loca! *(Siéntase.)*
Rita. Sin haberse explicado este hombre, ni decir siquiera...   20
Doña Francisca. Cuando iba á hacerlo, me avisaste y fué preciso retirarnos... ¿Pero sabes tú con qué temor me habló, qué agitación mostraba? Me dijo que en aquella carta vería yo los motivos justos que le precisaban á volverse: que la había escrito para dejársela á persona fiel que la 25 pusiera en mis manos, suponiendo que el verme sería imposible. Todo engaños, Rita, de un hombre aleve que prometió lo que no pensaba cumplir... Vino, halló un competidor, y diría: pues yo ¿para qué he de molestar á nadie, ni hacerme ahora defensor de una mujer?... ¡Hay tantas 30 mujeres!... Cásenla... ¡Yo nada pierdo!... Primero es mi tranquilidad que la vida de esa infeliz... ¡Dios mío, perdón!... ¡Perdón de haberle querido tanto!
Rita. ¡Ay señorita!, *(Mirando hácia el cuarto de Don Diego)* que parece que salen ya.   35

---

11. *estarían,* sie dürften hier gewesen sein.

Doña Francisca. No importa, déjame.

Rita. Pero si Don Diego la ve á usted de esa manera...

Doña Francisca. Si todo se ha perdido ya, ¿qué puedo temer?... ¿Y piensas tú que tengo alientos para levantarme?...
5 Que vengan, nada importa.

ESCENA VII.

Don Diego, Simón, Doña Francisca, Rita.

Simón. Voy enterado, no es menester más.

Don Diego. Mira, y haz que ensillen inmediatamente al Moro, miéntras tú vas allá. Si han salido, vuelves, montas á caballo, y en una buena carrera que des, los alcanzas...
10 ¿Las dos aquí, eh?... Conque vete, no se pierda tiempo. *(Despues de hablar los dos, inmediatos á la puerta del cuarto de Don Diego, se va Simón por la del foro.)*

Simón. Voy allá.

Don Diego. Mucho se madruga, Doña Paquita.

15 *Doña Francisca.* Sí, señor.

Don Diego. ¿Ha llamado ya Doña Irene?

Doña Francisca. No, señor... Mejor es que vayas allá, por si ha despertado y se quiere vestir. *(Rita se va al cuarto de Doña Irene.)*

ESCENA VIII.

Don Diego, Doña Francisca.

20 *Don Diego.* ¿Usted no habrá dormido bien esta noche?

Doña Francisca. No, señor. ¿Y usted?

Don Diego. Tampoco.

Doña Francisca. Ha hecho demasiado calor.

Don Diego. ¿Está usted desazonada?

25 *Doña Francisca.* Alguna cosa.

Don Diego. ¿Qué siente usted?

(Siéntase junto á Doña Francisca.)

Doña Francisca. No es nada... Así un poco de... Nada... no tengo nada.

Don Diego. Algo será; porque la veo á usted muy
30 abatida, llorosa, inquieta... ¿Qué tiene usted, Paquita? ¿No sabe uste que la quiero tanto?

---

24. *desazonada*, unpäßlich.

Doña Francisca. Sí, señor.

Don Diego. ¿Pues por qué no hace usted más confianza de mí? ¿Piensa usted que no tendré yo mucho gusto en hallar ocasiones de complacerla?

Doña Francisca. Ya lo sé. 5

Don Diego. ¿Pues cómo, sabiendo que tiene usted un amigo, no desahoga con él su corazón?

Doña Francisca. Porque eso mismo me obliga á callar.

Don Diego. Eso quiere decir que tal vez yo soy la causa de su pesadumbre de usted. 10

Doña Francisca. No, señor, usted en nada me ha ofendido... No es de usted de quien yo me debo quejar.

Don Diego. ¿Pues de quién, hija mía?... Venga usted acá... *(Acércase más.)* Hablemos siquiera una vez sin rodeos ni disimulación... Dígame usted, ¿no es cierto que usted 15 mira con algo de repugnancia este casamiento que se la propone? ¿Cuánto va que si la dejasen á usted entera libertad para la elección, no se casaria conmigo?

Doña Francisca. Ni con otro.

Don Diego. ¿Será posible que usted no conozca otro 20 más amable que yo, que la quiera bien, y que la corresponda como usted merece?

Doña Francisca. No, señor, no, señor.

Don Diego. Mírelo usted bien.

Doña Francisca. ¿No le digo á usted que no? 25

Don Diego. Y he de creer, por dicha, que conserve usted tal inclinación al retiro en que se ha criado, que prefiera la austeridad del convento á una vida mas...

Doña Francisca. Tampoco, no, señor... Nunca he pensado así. 30

Don Diego. No tengo empeño de saber más... Pero de todo lo que acabo de oir resulta una gravísima contradicción. Usted no se halla inclinada al estado religioso, según parece. Usted me asegura que no tiene queja ninguna de mí, que está persuadida de lo mucho que la estimo, que 35 no piensa casarse con otro, ni debo recelar que nadie me dispute su mano... ¿Pues que llanto es ese? ¿De dónde nace esa tristeza profunda, que en tan poco tiempo ha alte-

---

17. *cuánto va*, was gilt es. — 21. *que la corresponda*, der zu Ihnen paßt.

4*

rado su semblante de usted, en términos que apenas le reconozco? ¿Son estas las señales de quererme exclusivamente á mí, de casarse gustosa conmigo dentro de pocos días? ¿Se anuncian así la alegría y el amor? (*Vase iluminando lentamente el teatro, suponiendo que viene la luz del día.*)

5   *Doña Francisca.* ¿Y qué motivos le he dado á usted para tales desconfianzas?

Don Diego. ¿Pues qué? Si yo prescindo de estas consideraciones, si apresuro las diligencias de nuestra unión, si 10 su madre de usted sigue aprobándola, y llega el caso de...

Doña Francisca. Haré lo que mi madre me manda, y me casaré con usted.

Don Diego. ¿Y después, Paquita?

Doña Francisca. Después... Y mientras me dure la 15 vida seré mujer de bien.

Don Diego. Eso no lo puedo yo dudar... Pero si usted me considera como el que ha de ser hasta la muerte su compañero y su amigo, digame usted, estos títulos ¿no me dan algún derecho para merecer de usted mayor confianza? 20 ¿No he de lograr que usted me diga la causa de su dolor? Y no para satisfacer una impertinente curiosidad, sino para emplearme todo en su consuelo, en mejorar su suerte, en hacerla dichosa, si mi conato y mis diligencias pudiesen tanto.

Doña Francisca. ¡Dichas para mí!... Ya se acabaron.

25   *Don Diego.* ¿Por qué?

Doña Francisca. Nunca diré por qué.

Don Diego. ¡Pero qué obstinado, qué imprudente silencio!... Cuando usted misma debe presumir que no estoy ignorante de lo que hay.

30   *Doña Francisca.* Si usted lo ignora, señor Don Diego, por Dios no finja que lo sabe; y si en efecto lo sabe usted, no me lo pregunte.

Don Diego. Bien está. Una vez que no hay nada que decir, que esa aflicción y esas lágrimas son voluntarias, hoy 35 llegaremos á Madrid, y dentro de ocho días será usted mi mujer.

Doña Francisca. Y daré gusto á mi madre.

Don Diego. Y vivirá usted infeliz.

Doña Francisca. Ya lo sé.

Don Diego. Ve aquí los frutos de la educación. Esto 40 es lo que se llama criar bien á una niña; enseñarla á que

---

1. *en términos, que,* dergestalt, daß.

desmienta y oculte las pasiones más inocentes con una pérfida disimulación. Las juzgan honestas luego que las ven instruídas en el arte de callar y mentir. Se obstinan en que el temperamento, la edad ni el genio no han de tener influencia alguna en sus inclinaciones, ó en que su voluntad 5 ha de torcerse al capricho de quien las gobierna. Todo se las permite, menos la sinceridad. Con tal que no digan lo que sienten, con tal que finjan aborrecer lo que mas desean, con tal que se presten á pronunciar, cuando se lo manden, un sí perjuro, sacrílego, orígen de tantos escándalos, ya 10 están bien criadas; y se llama excelente educación la que inspira en ellas el temor, la astucia y el silencio de un esclavo.

Doña Francisca. Es verdad... Todo eso es cierto... Eso exigen de nosotras, eso aprendemos en la escuela que se nos da.. Pero el motivo de mi aflicción es mucho mas 15 grande.

Don Diego. Sea cual fuere, hija mía, es menester que usted se anime... Si la vé á usted su madre de esa manera, ¿qué ha de decir?... Mire usted que ya parece que se ha levantado. 20

Doña Francisca. ¡Dios mío!

Don Diego. Sí, Paquita: conviene mucho que usted vuelva un poco sobre sí... No abandonarse tanto... Confianza en Dios... Vamos, que no siempre nuestras desgracias son tan grandes como la imaginación las pinta... 25 ¡Mire usted qué desórden este! ¡Qué agitación! ¡Que lágrimas! Vaya, ¿me da usted palabra de presentarse así... Con cierta serenidad y... eh?

Doña Francisca. Y usted, señor... Bien sabe usted el genio de mi madre. Si usted no me defiende, ¿á quién 30 he de volver los ojos? ¿Quién tendrá compasión de esta desdichada?

Don Diego. Su buen amigo de usted... Yo... ¿Cómo es posible que yo la abandonase, criatura, en la situación dolorosa en que la veo? *(Asiéndola de las manos.)* 35

Doña Francisca. ¿De veras?

Don Diego. Mal conoce usted mi corazón.

Doña Francisca. Bien lo conozco.

(Quiere arrodillarse, Don Diego se lo estorba, y ambos se levantan).

Don Diego. ¿Qué hace usted, niña?

Doña Francisca. Yo no sé... ¡Qué poco merece toda 40

54

esa bondad una mujer tan ingrata para con usted!... No,
ingrata no, infeliz... ¡Ay, qué infeliz soy, señor Don Diego!

Don Diego. Yo bien sé que usted agradece como puede
él amor que la tengo... Lo demás todo ha sido... ¿Qué sé
5 yo?... Una equivocación mía, y no otra cosa... Pero
usted, inocente, usted no ha tenido la culpa.

Doña Francisca. Vamos... ¿No viene usted?

Don Diego. Ahora no, Paquita. Dentro de un rato
iré por allá.

10 *Doña Francisca.* Váya usted presto.

*(Encaminándose al cuarto de Doña Irene, vuelve y se despide de
Don Diego besándole las manos.)*

Don Diego. Sí, presto iré.

ESCENA IX.

Simón, Don Diego.

Simón. Ahí están, señor.

Don Diego. ¿Qué dices?

Simón. Cuando yo salía de la puerta, los ví á lo léjos
15 que iban ya de camino. Empecé á dar voces y hacer señas
con el pañuelo: se detuvieron, y apénas llegué y le dije al
señorito lo que usted mandaba, volvió las riendas, y está
abajo. Le encargué que no subiera hasta que le avisára yo,
por si acaso había gente aquí, y usted no quería que le viesen.

20 *Don Diego.* ¿Y qué dijo cuando le diste el recado?

Simón. Ni una sola palabra... Muerto viene... Ya
digo, ni una sola palabra... A mí me ha dado compasión
el verle así tan...

Don Diego. No me empieces ya á interceder por él.

25 *Simón.* ¿Yo, señor?

Don Diego. Sí, que no te entiendo yo... ¡Compasión!...
Es un pícaro.

Simón. Como yo no sé lo que ha hecho.

Don Diego. Es un bribón, que me ha de quitar la
30 vida... Ya te he dicho que no quiero intercesores.

Simón. Bien está, señor. *(Vase por la puerta del foro.
Don Diego se sienta, manifestando inquietud y enojo.)*

Don Diego. Dile que suba.

ESCENA X.

Don Diego, Don Cárlos.

Don Diego. Venga usted acá, señorito, venga usted ...
¿En dónde has estado desde que no nos vemos?
Don Cárlos. En el mesón de afuera.
Don Diego. ¿Y no has salido de allí en toda la noche, eh?
Don Cárlos. Sí, señor, entré en la ciudad y ...   5
Don Diego. ¿A qué?... Siéntese usted.
Don Cárlos. Tenía precisión de hablar con un sujeto...
(Siéntase).
Don Diego. ¡Precisión!
Don Cárlos. Sí, señor... Le debo muchas atenciones, 10
y no era posible volverme á Zaragoza sin estar primero con él.
Don Diego. Ya. En habiendo tantas obligaciones de
por medio... Pero venirle á ver á las tres de la mañana,
me parece mucho desacuerdo... ¿Por qué no le escribiste
un papel?... Mira, aquí he de tener... Con este papel 15
que le hubieras enviado en mejor acasión, no había necesidad
de hacerle trasnochar, ni molestar á nadie.
*(Dándole el papel que tiraron á la ventana. Don Cárlos luego que
le reconoce, se le vuelve y se levanta en ademán de irse.)*
Don Cárlos. Pues si todo lo sabe usted, ¿para qué me
llama? ¿Por qué no me permite seguir mi camino y se
evitaría una contestación, de la cual ni usted ni yo quedaremos 20
contentos?
Don Diego. Quiere saber su tío de usted lo que hay
en esto, y quiere que usted se lo diga.
Don Cárlos. ¿Para qué saber más?
Don Diego. Porque yo lo quiero y lo mando. ¡Oiga! 25
Don Cárlos. Bien está.
Don Diego. Siéntate ahí... *(Siéntase Don Cárlos.)* ¿En
dónde has conocido á esa niña?... ¿Qué amor es este?
¿Qué circunstancias han ocurrido? ¿Qué obligaciones hay
entre los dos? ¿Dónde, cuándo la viste?   30
Don Cárlos. Volviéndome á Zaragoza el año pasado,
llegué á Guadalajara sin ánimo de detenerme; pero el intendente,
en cuya casa de campo nos apeámos, se empeñó en
que había de quedarme allí todo aquel día, por ser cumpleaños

---

12/13. *de por medio,* zwischen inne; übersetze: wenn so viel
Verpflichtungen vorliegen.

de su parienta, prometiéndome que al siguiente me dejaría
proseguir mi viaje. Entre las gentes convidadas hallé á
Doña Paquita, á quien la señora habia sacado aquel día del
convento para que se esparciese un poco... Yo no sé qué
5 ví en ella, que excitó en mí una inquietud, un deseo constante, irresistible de mirarla, de oirla, de hallarme á su
lado, de hablar con ella, de hacerme agradable á sus ojos...
El intendente dijo entre otras cosas... burlándose... que yo
era muy enamorado, y le ocurrió fingir que me llamaba Don
10 Felix de Toledo, nombre que dió Calderón á algunos amantes
de sus comedias. Yo sostuve esta ficción, porque desde luego
concebí la idea de permanecer algún tiempo en aquella ciudad,
evitando que llegase á noticia de usted... Observé que
Doña Paquita me trató con un agrado particular, y cuando
15 por la noche nos separamos, yo quedé lleno de vanidad y de
esperanzas, viéndome preferido á todos los concurrentes de
aquel día, que fueron muchos. En fin... Pero no quisiera
ofender á usted refiriéndole...

    Don Diego. Prosigue.

20   *Don Cárlos.* Supe que era hija de una señora de
Madrid, viuda pobre, pero de gente muy honrada... Fué
necesario fiar de mi amigo los proyectos de amor que me
obligaban á quedarme en su compañia: y él, sin aplaudirlos
ni desaprobarlos, halló disculpas las más ingeniosas para que
25 ninguno de su familia extrañára mi detención. Como su casa
de campo está inmediata á la ciudad, fácilmente iba y venia
de noche... Logré que Doña Paquita leyese algunas cartas
mías, y con las pocas respuestas que de ella tuve, acabé de
precipitarme en una pasión, que mientras viva me hará infeliz.

30   *Don Diego.* Vaya... Vamos, sigue adelante.

    Don Cárlos. Mi asistente (que como usted sabe, es
hombre de travesura, y conoce el mundo) con mil artificios
que á cada paso le ocurrían, facilitó los muchos estorbos que
al principio hallábamos... La seña era dar tres palmadas,
35 á las cuales respondían con otras tres desde una ventanilla
que daba al corral de las monjas. Hablábamos todas las
noches, muy á deshora, con el recato y las precauciones que

---

25. *extrañára mi detención*, sich über mein Verweilen wunderte. —
31. *asistente* (Offizier-)bursche. — 32. *hombre de travesura*, gewitzigter
Kerl. — *muy á deshora*, sehr zur ungelegenen Stunde; zu einer Stunde
wo man es nicht vermutete.

ya se dejan entender... Siempre fuí para ella Don Felix
de Toledo, oficial de un regimiento, estimado de mis jefes,
y hombre de honor. Nunca la dije más, ni la hablé de mis
parientes, ni de mis esperanzas, ni la dí á entender que
casándose conmigo podría aspirar á mejor fortuna: porque ni 5
me convenía nombrarle á usted, ni quise exponerla á que
las miras de interés y no el amor, la inclinasen á favorecerme.
De cada vez la hallé más fina, más hermosa, más digna de
ser adorada... Cerca de tres meses me detuve allí; pero
al fin, era necesario separarnos, y una noche funesta me 10
despedí, la dejé rendida á un desmayo mortal, y me fuí ciego
de amor adónde mi obligación me llamaba... Sus cartas
consolaron por algún tiempo mi ausencia triste, y en una
que recibí pocos días há, me dijo como su madre trataba de
casarla, que primero perdería la vida que dar su mano á 15
otro que á mí: me acordaba mis juramentos, me exortaba á
cumplirlos... Monté á caballo, corrí precipitado el camino,
llegué à Guadalajara; no la encontré, vine aquí... Lo demás
bien lo sabe usted, no hay para que decirselo.

Don Diego. ¿Y qué proyectos eran los tuyos en esta venida? 20

Don Cárlos. Consolarla, jurarla de nuevo un eterno
amor: pasar á Madrid, verle á usted, echarme á sus piés,
referirle todo lo ocurrido, y pedirle, no riquezas, ni herencias,
ni protecciones, ni... eso no... Solo su consentimiento y
su bendición para verificar un enlace tan suspirado, en que 25
ella y yo fundábamos toda nuestra felicidad.

Don Diego. Pues ya ves, Cárlos, que es tiempo de
pensar muy de otra manera.

Don Cárlos. Sí, señor.

Don Liego. Si tú la quieres, yo la quiero también. 30
Su madre y toda su familia aplauden este casamiento. Ella...
y sean las que fueren las promesas que á tí te hizo... ella
misma, no há media hora, me ha dicho qué está pronta á
obedecer á su madre y darme la mano así que...

Don Cárlos. Pero no el corazón. *(Levántase.)*   35

Don Diego. ¿Qué dices?

Don Cárlos. No, eso no... Sería ofenderla... Usted
celebrará sus bodas cuando guste: ella se portará siempre
como conviene á su honestidad y á su virtud; pero yo he
sido el primero, el único objeto de su cariño, lo soy y lo 40

seré... Usted se llamará su marido, pero si alguna ó muchas veces la sorprende, y ve sus ojos hermosos inundados en lágrimas, por mí las vierte... No la pregunte usted jamás el motivo de sus melancolías... Yo, yo seré la causa...

5 Los suspiros, que en vano procurará reprimir, serán finezas dirigidas á un amigo ausente.

Don Diego. ¿Qué temeridad es esta?

(Se levanta con mucho enojo, encaminándose hácia Don Cárlos el cual se va retirando.)

Don Cárlos. Ya se lo dije á usted... Era imposible que yo hablase una palabra sin ofenderle... Pero acabemos 10 esta odiosa conversación... Viva usted feliz y no me aborrezca, que yo en nada le he querido disgustar... La prueba mayor que yo puedo darle de mi obediencia y mi respeto, es la de salir de aqui inmediatamente... Pero no se me niegue á lo ménos el consuelo de saber que usted me perdona.

15 *Don Diego.* ¿Con que en efecto te vas?

Don Cárlos. Al instante, señor... Y esta ausencia será bien larga.

Don Diego. ¿Por qué?

Don Cárlos. Porque no me conviene verla en mi vida... 20 Si las voces que corren de una próxima guerra se llegaran á verificar... Entonces...

Don Diego. ¿Qué quieres decir?

(Asiendo de un brazo á Don Cárlos, le hace venir mas adelante.)

Don Cárlos. Nada... que apetezco la guerra, porque soy soldado.

25 *Don Diego.* ¡Cárlos!... ¡Qué horror!... ¿Y tienes corazón para decírmelo?

Don Cárlos. Alguien viene..., *(Mirando con inquietud hácia el cuarto de Doña Irene, se desprende de Don Diego, y hace ademán de irse por la puerta del foro. Don Diego va detrás de él y quiere im-* 30 *pedírselo.)* Tal vez será ella... Quede usted con Dios.

Don Diego. ¿Adónde vas?... No, señor, no has de irte.

Don Cárlos. Es preciso... Yo no he de verla... Una sola mirada nuestra pudiera causarle á usted inquietudes crueles.

Don Diego. Ya ha dicho que no ha de ser... Entra 35 en ese cuarto.

Don Cárlos. Pero si...

Don Diego. Haz lo que te mando.

(Entrase Don Cárlos en el cuarto de Don Diego.)

---

5. *finezas,* Gunstbezeigungen.

ESCENA XI.

Doña Irene, Don Diego.

Doña Irene. Con que, señor Don Diego, ¿es ya la de vámonos?... Buenos dias... *(Apaga la luz que está sobre la mesa.)* ¿Reza usted?

Don Diego. Sí, para rezar estoy ahora. *(Paseándose con inquietud.)* 5

Doña Irene. Si usted quiere, ya pueden ir disponiendo el chocolate, y que avisen al mayoral para que enganchen luego qué... ¡Pero qué tiene usted, señor!... ¿Hay alguna novedad?

Don Diego. Sí, no deja de haber novedades. 10

Doña Irene. Pues qué... Dígalo usted por Dios... ¡Vaya, vaya!... No sabe usted lo asustada que estoy... Cualquiera cosa, así repentina, me remueve toda y me... Desde el último mal parto que tuve quedé tan sumamente delicada de los nervios... Y va ya para diez y nueve años, 15 si no son veinte; pero desde entónces, ya digo, cualquiera friolera me trastorna.. Ni los baños, ni caldos de culebra, ni la conserva de tamarindos, nada me ha servido, de manera que...

Don Diego. Vamos, ahora no hablemos de malos partos 20 ni de conservas... Hay otra cosa más importante de que tratar... ¿Qué hacen esas muchachas?

Doña Irene. Están recogiendo la ropa y haciendo el cofre, para que todo esté á la vela, y no haya detencion.

Don Diego. Muy bien. Siéntese usted... Y no hay 25 que asustarse ni alborotarse *(Siéntanse los dos)* por nada de lo que yo diga: y cuenta, no nos abandone el juicio cuando más le necesitamos... Su hija de usted está enamorada.

Doña Irene. ¿Pues no lo he dicho ya mil veces? Sí, señor que lo está, y bastaba que yo lo dijese para que... 30

Don Diego. ¡Este vicio maldito de interrumpir á cada paso! Déjeme usted hablar.

Doña Irene. Bien, vamos, hable usted.

Don Diego. Está enamorada; pero no está enamorada de mí.

1/2. *es ya la de vámonos*, ist die Stunde der Abreise gekommen? — 7. *enganchen*, sie spannen an. — 24. *á la vela*, bereit, gerüstet. — 27. *cuenta*, vorgesehen!

Doña Irene. ¿Qué dice usted?

Don Diego. Lo que usted oye.

Doña Irene. ¿Pero quién le ha contado á usted esos disparates?

5   *Don Diego.* Nadie. Yo lo sé, yo lo he visto, nadie me lo ha contado, y cuando se lo digo á usted, bien seguro estoy de que es verdad... Vaya, ¿qué llanto es ese?

Doña Irene. ¡Pobre de mí! *(Llora.)*

Don Diego. ¿A qué viene eso?

10   *Doña Irene.* ¡Porque me ven sola y sin medios, y porque soy una pobre viuda, parece que todos me desprecian y se conjuran contra mí!

Don Diego. Señora Doña Irene...

Doña Irene. Al cabo de mis años y de mis achaques,
15 verme tratada de esta manera, como un estropajo, como una puerca cenicienta, vamos al decir... ¿quién lo creyera de usted?... ¡Válgame Dios!... ¡Si vivieran mis tres difuntos...

Don Diego. ¿Pero es posible que no ha de atender usted á lo que voy á decirla?

20   *Doña Irene.* ¡Ay! no, señor, que bien lo sé, que no tengo pelo de tonta, no, señor... Usted ya no quiere á la niña, y busca pretextos para zafarse de la obligación en que está... ¡Hija de mi alma y de mi corazón!

Don Diego. Señora Doña Irene, hágame usted el gusto
25 de oirme, de no replicarme, de no decir despropósitos; y luego que usted sepa lo que hay, llore, y gima, y grite, y diga cuanto quiera... Pero entretanto no me apure usted el sufrimiento, por amor de Dios.

Doña Irene. Diga usted lo que le dé la gana.

30   *Don Diego.* Que no volvamos otra vez á llorar, y á...

Doña Irene. No, señor, ya no lloro.

(Enjugándose las lágrimas con un pañuelo)

Don Diego. Pues hace ya cosa de un año, poco más
ó menos, que Doña Paquita tiene otro amante. Se han
35 hablado muchas veces, se han escrito, se han prometido amor, fidelidad, constancia... Y por último, existe en ámbos una pasión tan fina, que las dificultades y la ausencia, léjos de

---

20/21. *no tengo pelo de tonta*, ich bin nicht auf den Kopf gefallen. — 22. *zafarse*, sich drücken. — 27/28. *no me apure el sufrimiento*, treiben Sie meine Geduld nicht aufs Äußerste.

disminuirla, han contribuido eficazmente á hacerlo mayor...
En este supuesto...

Doña Irene. ¿Pero no conoce usted, señor, que todos
es un chisme, inventado por alguna mala lengua que no nos
quiere bien?　　　　　　　　　　　　　　　　　　　　5

Don Diego. Volvemos otra vez á lo mismo... No,
señora, no es chisme. Repito de nuevo que lo sé.

Doña Irene. ¿Qué ha de saber usted, señor, ni qué
traza tiene eso de verdad? ¡Con que la hija de mis entrañas
encerrada en un convento... ayunando los siete reviernes, 10
acompañada de aquellas santas religiosas... ella, que no
sabe lo que es mundo, que no ha salido todavía del cascarón,
como quien dice!... Bien se conoce que no sabe usted el
genio que tiene Circuncisión... Pues bonita es ella, para
haber disimulado á su sobrina el menor desliz.　　　　15

Don Diego. Aquí no se trata de ningún desliz, señora
Doña Irene; se trata de una inclinación honesta, de la cual
hasta ahora no habíamos tenido antecedente alguno. Su hija
de usted es una niña muy honrada, y no es capaz de desli-
zárse... Lo que digo es que la madre Circuncisión, y la 20
Soledad, y la Candelaria, y todas las madres y usted, y yo
el primero, nos hemos equivocado solemnemente. La muchacha se quiere casar con otro, y no conmigo... Hemos
llegado tarde: usted ha contado muy de lijero con la voluntad
de su hija... Vaya, ¿para qué es cansarnos? Lea usted 25
ese papel, y verá si tengo razón.

　　*(Saca el papel de Don Cárlos y se le dá. Doña Irene, sin leerle,
se levanta muy agitada, se acerca á la puerta de su cuarto y llama. Levántase Don Diego y procura en vano contenerla.)*

Doña Irene. ¡Yo he de volverme loca!... Francisquita...
¡Vírgen del Tremedal!... Rita, Francisca.

Don Diego. ¿Pero á qué es llamarlas?

Doña Irene. Sí, señor, que quiero que venga, y que se 30
desengañe la pobrecita de quién es usted.

Don Diego. Lo echó todo á rodar... Esto le sucede
á quien se fia de la prudencia de una mujer.

---

　　10. *reviernes*, jeder der sieben ersten Freitage nach Ostern. —
12. *cascarón*, Eierschale.

ESCENA XII.

Doña Francisca, Rita, Doña Irene, Don Diego.

Rita. Señora.

Doña Francisca. ¿Me llamaba usted?

Doña Irene. Sí, hija, sí; porque el señor Don Diego nos trata de un modo que ya no se puede aguantar. ¿Qué
5 amores tienes, niña? ¿A quién has dado palabra de matrimonio? ¿Qué enredos son estos... Y tú, picarona... Pues tú también lo has de saber... Por fuerza lo sabes... ¿Quién ha escrito este papel? ¿Qué dice?... *(Presentando el papel abierto á Doña Francisca.)*
10   *Rita.* Su letra es. *(Aparte á Doña Francisca.)*

Doña Francisca. ¡Qué maldad!... Señor Don Diego, ¿así cumple usted su palabra?

Don Diego. Bien sabe Dios que no tengo la culpa... Venga usted aquí... *(Asiendo de una mano á Doña Francisca, la*
15 *pone á su lado.)* No hay que temer... Y usted, señora, escuche y calle, y no me ponga en términos de hacer un desatino... Deme usted ese papel... *(Quitándola el papel de las manos á Doña Irene.)* Paquita, ya se acuerda usted de las tres palmadas de esta noche.

20   *Doña Francisca.* Mientras viva me acordaré.

Don Diego. Pues este es el papel que tiraron á la ventana... No hay que asustarse, ya lo he dicho. *(Lee.)* »Bien mío: si no consigo hablar con usted, haré lo posible para que llegue á sus manos esta carta. Apénas me separé
25 de usted, encontré en la posada al que yo llamaba mi enemigo, y al verle no sé como no espiré de dolor. Me mandó que saliera inmediatamente de la ciudad, y fué preciso obedecerle. Yo me llamo Don Cárlos, no Don Felix... Don Diego es mi tio. Viva usted dichosa, y olvide para siempre á su
30 infeliz amigo.« — *Cárlos de Urbina.*

Doña Irene. ¿Con que hay eso?

Doña Francisca. ¡Triste de mí!

Doña Irene. ¿Con que es verdad lo que decía el señor, grandísima picarona? Te has de acordar de mí. *(Se encamina*
35 *hácia Doña Francisca, muy colérica y en ademán de querer maltratarla. Rita y Don Diego procuran estorbarlo.)*

---

7. *por fuerza,* schlechterdings. — 16. *no me ponga en términos,* versetzen Sie mich nicht in die Notwendigkeit.

Doña Francisca. Madre... Perdón.
Doña Irene. No, señor, que la he de matar.
Don Diego. ¿Qué locura es esta?
Doña Irene. He de matarla.

ESCENA XIII.

Don Cárlos, Don Diego, Doña Irene, Doña Francisca, Rita.

Don Cárlos. Eso no... *(Sale Don Cárlos del cuarto preci-* 5
pitadamente: coge de un brazo á Doña Francisca, se la lleva hácia el fondo
del teatro, y se pone delante de ella para defenderla. Doña Irene se asusta
y se retira) delante de mí nadie ha de ofenderla.
Doña Francisca. ¡Cárlos!
Don Cárlos. Disimule *(Acercándose á Don Diego)* usted mi 10
atrevimiento... He visto que la insultaban, y no me he
sabido contener.
Doña Irene. ¡Qué es lo que me sucede, Dios mío!...
¿Quién es usted? ¿Qué acciones son estas? ¿Qué escándalo?
Don Diego. Aquí no hay escándalos... Ese es de 15
quien su hija de usted está enamorada... Separarlos y
matarlos, viene á ser lo mismo... Cárlos... No importa...
Abraza á tu mujer. *(Don Cárlos va adónde está Doña Francisca;*
se abrazan y ambos se arrodillan á los piés de Don Diego.)
Doña Irene. ¿Con que su sobrino de usted? 20
Don Diego. Sí, señora, mi sobrino: que con sus palmadas,
y su música, y su papel, me ha dado la noche más terrible que
he tenido en mi vida... ¿Qué es esto, hijos míos, qué es esto?
Doña Francisca. ¿Con que usted nos perdona y nos
hace felices? 25
Don Diego. Sí, prendas de mi alma... Sí. *(Los hace*
levantar con expresiones de ternura.)
Doña Irene. ¿Y es posible que usted se determine á
hacer un sacrificio...
Don Diego. Yo pude separarlos para siempre, y gozar 30
tranquilamente la posesión de esta niña amable; pero mi con-
ciencia no lo sufre... ¡Cárlos!... ¡Paquita! ¡Qué dolorosa
impresión me deja en el alma el esfuerzo que acabo de
hacer!... Porque, al fin, soy hombre miserable y débil.
Don Cárlos. Si nuestro amor *(Besándole las manos)*, si 35

---

10. *disimule*, verzeihen Sie.

nuestro agradecimiento puede bastar á consolar á usted en tanta pérdida...

Doña Irene. ¡Con que el bueno de Don Cárlos! Vaya que...

5   *Don Diego.* Él y su hija de usted estaban locos de amor, miéntras usted y las tias fundaban castillos al aire, y me llenaban la cabeza dé ilusiones, que han desaparecido como un sueño... Esto resulta del abuso de la autoridad, de la opresión que la juventud padece: estas son las seguridades que dan los padres y los tutores, y esto lo que se debe fiar en el sí de las niñas... Por una casualidad he sabido á tiempo el error en que estaba. ¡Ay de aquellos que lo saben tarde!

Doña Irene. En fin, Dios los haga buenos, y que por 15 muchos años se gocen... Venga usted acá, señor, venga usted, que quiero abrazarle... *(Abrazándose Don Cárlos y Doña Irene. Doña Francisca se arrodilla y la besa la mano)* Hija, Francisquita. ¡Vaya! Buena elección has tenido... Cierto que es un mozo muy galán... Morenilló, pero tiene un mirar 20 de ojos muy hechicero.

Rita. Sí, dígaselo usted, que no lo ha reparado la niña... Señorita, un millón de besos. *(Doña Francisca y Rita se besan manifestando mucho contento.)*

Doña Francisca. ¿Pero ves qué alegría tan grande?... 25 Y tú, como me quieres tanto... Siempre, siempre serás mi amiga.

Don Diego. Paquita hermosa *(Abraza á Doña Francisca)* recibe los primeros abrazos de tu nuevo padre... No temo ya la soledad terrible que amenazaba á mi vejez... Vosotros 30 *(Asiendo de las manos á Doña Francisca y á Don Cárlos)* seréis la delicia de mi corazón, y el primer fruto de vuestro amor... Sí, hijos, aquel... No hay remedio, aquel es para mí. Y cuando le acaricie en mis brazos, podré decir: á mí me debe su existencia este niño inocente: si sus padres viven, si son 35 felices, yo he sido la causa.

Don Cárlos. ¡Bendita sea tanta bondad!

Don Diego. Hijos, ¡bendita sea la de Dios.!

FIN.

CPSIA information can be obtained
at www.ICGtesting.com
Printed in the USA
LVHW022148170221
679360LV00007B/439

9 781498 143813